Spuren lesen

Religionsbuch für das 3./4. Schuljahr

Diesterweg
westermann

calwer

Spuren lesen

Religionsbuch für das 3. / 4. Schuljahr

Herausgegeben von
Petra Freudenberger-Lötz

Erarbeitet von
Ulrike von Altrock, Petra Freudenberger-Lötz,
Ulrike Itze, Edelgard Moers, Anita Müller-Friese
und Brigitte Zeeh-Silva

Illustriert von
Yvonne Hoppe-Engbring

© 2011 Calwer Verlag GmbH Bücher und Medien, Stuttgart und
Bildungshaus Schulbuchverlage Westermann Schroedel Diesterweg Schöningh Winklers GmbH,
Georg-Westermann-Allee 66, 38104 Braunschweig
www.calwer.com / www.westermann.de

Das Werk und seine Teile sind urheberrechtlich geschützt. Jede Nutzung in anderen als den gesetzlich zugelassenen bzw. vertraglich zugestandenen Fällen bedarf der vorherigen schriftlichen Einwilligung des Verlages. Nähere Informationen zur vertraglich gestatteten Anzahl von Kopien finden Sie auf www.schulbuchkopie.de.

Für Verweise (Links) auf Internet-Adressen gilt folgender Haftungshinweis: Trotz sorgfältiger inhaltlicher Kontrolle wird die Haftung für die Inhalte der externen Seiten ausgeschlossen. Für den Inhalt dieser externen Seiten sind ausschließlich deren Betreiber verantwortlich. Sollten Sie daher auf kostenpflichtige, illegale oder anstößige Inhalte treffen, so bedauern wir dies ausdrücklich und bitten Sie, uns umgehend per E-Mail davon in Kenntnis zu setzen, damit beim Nachdruck der Verweis gelöscht wird.

Druck A¹³ / Jahr 2023
Alle Drucke der Serie A sind im Unterricht parallel verwendbar.

Redaktion: Stephanie Schönhof
unter Mitarbeit von: Kirstin Jebautzke
Umschlaggestaltung: Annette Henko
mit einer Illustration von Yvonne Hoppe-Engbring
Typografie und Layout: Annette Henko
Druck und Bindung: Westermann Druck Zwickau GmbH,
Crimmitschauer Straße 43, 08058 Zwickau

ISBN 978-3-425-07734-5 (Diesterweg)
ISBN 978-3-7668-4129-2 (Calwer)

Inhalt

Einstieg
Unser Schulbuch
Seite 4–5
Ein Thema selbstständig erarbeiten
Seite 6–7

In Gottes Welt
Seite 8–17

**Gott sucht Menschen –
Menschen suchen Gott**
Seite 18–27

Jakob und Esau
Seite 28–35

Mose
Seite 36–47

**Viel Glück
und viel Segen**
Seite 48–57

Jesus Christus
Seite 58–77

Leben und Tod
Seite 78–85

**Evangelisch
und katholisch**
Seite 86–95

**Menschen fragen
nach dem Leben –
Religionen geben
Antworten**
Seite 96–107

Anhang
Bibelwerkstatt   Seite 108–109
Mein Weg durch die Bibel   Seite 110–111

Unser Schulbuch

Liebe Kinder,

jeder Mensch hat in seinem Leben viele Fragen.
Religionen greifen Fragen der Menschen auf
und helfen bei der Suche nach Antworten.

Sicher kennt ihr aus dem 1. und 2. Schuljahr schon
einige Geschichten aus der Bibel
und ihr seid euren Fragen dazu nachgegangen.
In diesem Schulbuch erfahrt ihr noch mehr
über die Bibel und den christlichen Glauben.
Ihr lernt auch einiges über andere Religionen.
Es werden neue Fragen aufkommen und ihr seid herausgefordert,
gemeinsam weiter nach Antworten zu suchen.
Ihr werdet dabei feststellen, dass auf eine Frage manchmal
verschiedene Antworten möglich sind und es spannend ist,
darüber zu diskutieren.

Je mehr ihr euch mit einem Thema befasst,
desto besser könnt ihr euch eine begründete
Meinung bilden. Das Schulbuch will euch
dabei unterstützen.
Ihr findet in jedem Kapitel
viele Anregungen zum Umgang
mit dem betreffenden Thema.

Die Symbole vor den Aufgaben bedeuten:

 Besprecht eure Ideen.

 Geht der Sache auf den Grund und denkt tiefer darüber nach.

 Gestaltet etwas mit euren Händen (schreiben, malen, basteln, …)

 Kommt zur Ruhe, erlebt die Stille, feiert, singt oder betet.

 Erarbeitet ein Rollenspiel, ein Standbild, eine Pantomime, …

 Sucht Informationen über das Thema (fragt Menschen, sucht in Büchern, im Internet, …)

Auf den folgenden Seiten haben wir Ideen zusammengestellt, die euch helfen sollen, ein Thema selbstständig zu erarbeiten und zu präsentieren.
Am Ende des Buches (ab Seite 108) erfahrt ihr, wie ihr euch in der Bibel zurechtfinden könnt.

Wir wünschen euch viel Freude mit diesem Religionsbuch.

Euer Schulbuch-Team

Ein Thema selbstständig erarbeiten

Um Texte zu verstehen, kannst du so vorgehen:
Sammle deine ersten Eindrücke: Was spricht dich an?
Schreibe die wichtigsten Wörter und Sätze heraus.
Notiere, was dir an dem Text wichtig ist.
Welche Fragen hast du an den Text?
Tausche dich mit anderen aus.
Sammle weitere Informationen in Büchern
und versuche, deine Fragen zu klären.

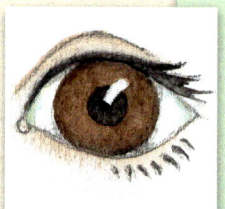

**Beim Betrachten von Bildern
kannst du dir die folgenden Fragen stellen:**
Was sehe ich?
Welche Figuren, Formen und Farben erkenne ich?
Was fühle ich?
Wie verstehe ich das Bild?
Welche Fragen habe ich an den Künstler?
Tausche dich mit anderen aus.

Im Religionsunterricht gibt es besondere Ausdrucksformen:
Du kannst alleine oder mit Partnern ein Gebet schreiben
und es mit der Klasse beten.
Du kannst eine Mitte gestalten, die zum Thema passt.
Um die Mitte herum bildet deine Klasse einen Sitzkreis.
Du kannst Stille üben.
Du kannst ein anderes Kind segnen.

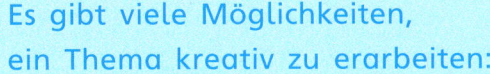

Es gibt viele Möglichkeiten,
ein Thema kreativ zu erarbeiten:
- ein Plakat erstellen und darauf wichtige Texte und Bilder festhalten.
- ein Rollenspiel erarbeiten, ein Standbild bauen und fotografieren.
- das Thema künstlerisch gestalten: z.B. malen, eine Collage anfertigen, ein Legebild erstellen.
- das Thema musikalisch gestalten: z.B. neue Strophen zu einem Lied dichten, Bewegungen oder einen Tanz zu einem Lied erfinden, Instrumente aus Alltagsmaterialien herstellen und damit ein Lied begleiten.

Zum Abschluss einer Arbeit ist es hilfreich, wenn du dich fragst:
- Was habe ich herausgefunden?
- Was habe ich gelernt?
- Was ist mir besonders wichtig geworden?
- Worüber möchte ich noch weiter nachdenken?

Die Symbole !, ♥ und ? findest du auf jeder Spurensuche-Seite. Das M dort bedeutet, dass du das Thema noch mit der Methode deiner Wahl vertiefen kannst. Hier, auf Seite 6 und 7, hast du ja schon viele Methoden kennengelernt.

In Gottes Welt

Guck mal, die tollen Tiere. Hier im Museum kannst du lernen, wie sich alles im Laufe der Zeit entwickelt hat. Das ist spannend.

Ich finde die vielen Tierarten interessant. Manche Tiere sind aber leider vom Aussterben bedroht.

Ich staune darüber, dass Gott so viele Tiere geschaffen hat.

Welchem Kind stimmst du zu?
Sprich zuerst mit einem anderen Kind darüber.
Tauscht euch dann in der Klasse aus.

Wir loben Gott, der die Welt geschaffen hat

Halleluja. Preiset den Herrn!
Gott, unser Schöpfer, wir loben dich.
Denn du bist groß und hast unsere Welt herrlich gemacht.
Du bist wie die Sonne, die uns wärmt.
Du bist wie das Licht, das unser Dunkel hell macht.
Gott, du bist immer und überall da.
Du tröstest uns, wenn wir traurig sind.
Du freust dich, wenn wir fröhlich sind.
Halleluja. Preiset den Herrn!
Gott, unser Schöpfer, wir loben dich.
Du hast Himmel und Erde geschaffen,
das Wasser vom festen Land getrennt.
Seen, Flüsse, Bäche und Meere sind geworden.
Du hast Lebensraum geschaffen
für Menschen, Tiere und Pflanzen.
Halleluja. Preiset den Herrn!
Gott, unser Schöpfer, wir loben dich.
Wir können im Wasser schwimmen und baden.
Das Wasser löscht den Durst aller Lebewesen.
Es erfrischt uns. Das Wasser gibt Menschen,
Tieren und Pflanzen Lebenskraft.
Dafür danken wir dir und loben dich.
Halleluja. Preiset den Herrn.

nach Psalm 104

- Worüber staunst du und wofür bist du dankbar?
- Schreibe das Loblied weiter.
- Lies Psalm 104 in einer Bibel nach und vergleiche beide Texte.

Joseph Haydn: Die Schöpfung

Am Anfang schuf Gott Himmel und Erde.
Und die Erde war wüst und leer,
und es war finster auf der Tiefe;
und der Geist Gottes schwebte
auf dem Wasser.
Und Gott sprach: Es werde Licht.
Und es ward Licht.
1. Mose 1,1–3

Der Komponist Joseph Haydn hat ein großartiges Oratorium zur Schöpfung komponiert und darin die Schöpfungserzählung aus der Bibel vertont. Am 19. März 1799 wurde Haydns „Schöpfung" zum ersten Mal im Wiener Theater aufgeführt. Es wurde ein großer Erfolg.

Ein Zuhörer erzählt:
„So lange das Theater steht: Es ist nie so voll gewesen.
Ich habe viele Stunden angestanden und nur unter Lebensgefahr
auf der letzten Bank im 4. Rang einen Platz bekommen. Bevor es losging,
haben alle Leute durcheinander geschrien und man hat sein eigenes Wort
nicht gehört. Als aber die Musik einsetzte, ist es so still geworden,
dass man ein Mäuschen hätte laufen hören können. Ich hätte nie geglaubt,
dass man mit Musik solche Wunder vollbringen kann.
Noch nie bin ich so vergnügt aus dem Theater fortgegangen
und ich habe auch die ganze Nacht von der Erschaffung der Welt geträumt."

- Hört die Musik und sprecht darüber, wie ihr sie empfindet.
- Wie vertont Haydn den Bibeltext? Achtet auch auf die Lautstärke des Orchesters.
- Spielt, wie sich die Zuhörer nach der Aufführung unterhalten.

Du bist Gottes Ebenbild: Du bist geliebt, ein Kind Gottes

Wir haben den Auftrag, uns um die Erde zu kümmern und die Lebewesen zu schützen.

Lasst uns den Streit beenden und wieder Freunde sein!

Gott schuf die Menschen
nach seinem Bild, als Gottes Ebenbild
schuf er sie und schuf sie als Mann
und als Frau.
Und Gott segnete die Menschen
und sagte zu ihnen:
„Seid fruchtbar und vermehrt euch!
Füllt die ganze Erde und nehmt sie in Besitz!
Ich setze euch über die Fische im Meer,
die Vögel in der Luft und alle Tiere,
die auf der Erde leben, und vertraue sie
eurer Fürsorge an."

1. Mose 1,27–28

 Was bedeutet es für dich, dass Gott dich als sein Ebenbild erschaffen hat?
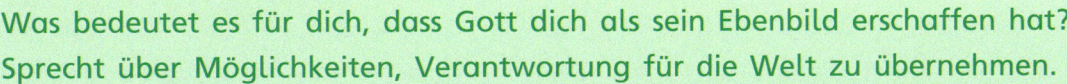 Sprecht über Möglichkeiten, Verantwortung für die Welt zu übernehmen.
 Was kannst du tun?

Das Paradies – verloren?

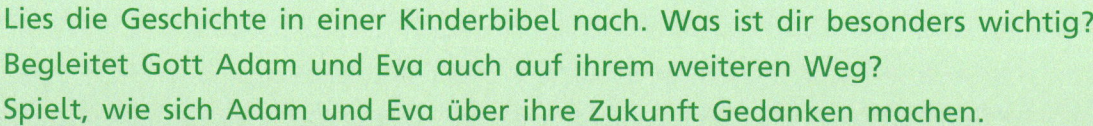

Lies die Geschichte in einer Kinderbibel nach. Was ist dir besonders wichtig?
Begleitet Gott Adam und Eva auch auf ihrem weiteren Weg?
Spielt, wie sich Adam und Eva über ihre Zukunft Gedanken machen.

Der Traum von einem Paradies

 Der Traum von einem Paradies,
der lässt uns nicht mehr los.
Die Sehnsucht nach dem Paradies
ist in uns allen groß, ist in uns allen groß.

1. Wo Mensch und Tier den Frieden hegen,
   sich nicht mehr auf Lauer legen,
   jeder kann dem andern trauen,
   offen in die Augen schauen.

2. Wo Bäume tausend Früchte bringen
   und wir bei der Arbeit singen,
   wo wir miteinander lachen
   und die schönsten Sachen machen.

3. Wo Feinde sich die Hände reichen,
   Angst und Schrecken endlich weichen,
   Gott erfüllt uns jede Bitte,
   er wohnt selbst in uns'rer Mitte.

Die Erzählung vom Paradies
findest du in: 1. Mose 2,4b–3,24.

Gestaltet Bewegungen zu den Strophen und singt dazu.
Gestaltet euren Traum vom Paradies.
Hast du dich schon einmal wie im Paradies gefühlt?

Noah – Gottes Bund mit den Menschen

> Warum kommt die Flut?

> Ist Gott bei uns?

> Haben Noah und seine Familie Angst?

Gott verspricht:
„Ich will das Leben nicht ein zweites Mal vernichten. Ich schließe einen Bund mit euch und mit allen Lebewesen für alle Zeiten. Als Zeichen des Bundes setze ich einen Bogen in die Wolken. Er erinnert euch an meinen Bund. Ich weiß, wie ihr Menschen seid und ich möchte euch meinen Schutz versprechen, auch wenn ihr Fehler macht."

Die Erzählung von Noah findest du in: 1. Mose 6,5 – 9,17.

- Gestalte deine Lieblingsszene aus der Geschichte.
- Ist Gott bei uns?
- Sprecht mit Noah und seiner Familie Dankgebete.

Wir leben in **einer** Welt

Schau mal, die Freundschaftsbrücke Nicaragua.

Meine Eltern haben für die Flutopfer gespendet.

Kennst du das Projekt „Die Arche"? Bei uns leben auch arme Kinder.

Ich habe Schokolade aus dem Weltladen probiert. Die war total lecker.

1. Wähle eine Hilfsorganisation.
2. Informiere dich.
3. Bereite einen Vortrag vor: Nenne Ziele der Organisation und Beispiele aus ihrer Arbeit. Wie kann man die Organisation unterstützen?

ⓘ Gibt es in eurer Nähe einen Weltladen?
Wählt in eurer Klasse Hilfsorganisationen aus, die ihr vorstellen wollt.
✋ Macht eine Posterausstellung.

Die Freundschaftsbrücke Nicaragua

Nicaragua ist eines der ärmsten Länder der Welt. Es liegt in Mittelamerika. Die Freundschaftsbrücke Nicaragua unterstützt Schulen und ein Zufluchtshaus für verlassene Kinder. Barbara Scheffer wohnt in Deutschland und arbeitet seit 10 Jahren ehrenamtlich bei der Freundschaftsbrücke mit. Sie erzählt:

Seit ich das erste Mal in Nicaragua war, sehe ich unser Leben in Deutschland ganz anders. Ich mache mir wegen kleiner Dinge weniger Sorgen, weil ich gesehen habe, wie viel Vertrauen und Lebensfreude die Menschen in Nicaragua trotz ihrer großen Armut haben. Ich finde die Freundschaftsbrücke gut, weil sie Kindern erlaubt, in Sicherheit aufzuwachsen und zu lernen. Es macht mich glücklich, wenn ich sehe, wie wohl sich die Kinder in der Schule und in unserem Heim fühlen.

Marina Azucena Flores lebt hier im Zufluchtshaus der Freundschaftsbrücke. Sie ist 9 Jahre alt und erzählt:

Ich bin in der 4. Klasse und lebe seit einem Jahr im Heim. Ich bin hierher gekommen, weil meine Mutter gestorben ist. Mein Vater konnte uns Kinder nicht alle versorgen. Ich bin gern hier im Heim, denn es fehlt mir nichts. Natürlich vermisse ich meine Mama und meine Familie, aber hier sind viele, mit denen ich darüber sprechen kann und die mich trösten.

- Was denkt ihr: Warum arbeitet Frau Scheffer bei der Freundschaftsbrücke mit? Frau Scheffer sammelt wichtige Erfahrungen. Berichte.
- Informiert euch im Internet über die Freundschaftsbrücke.

Spurensuche

Aus dem Sonnengesang des Franz von Assisi (1181-1226)

Gelobt seist du, Herr,
mit allen deinen Geschöpfen;
besonders mit der edlen Schwester Sonne,
welche den Tag bringt
und durch die du uns leuchtest.
Und sie ist schön und strahlend
mit großem Glanze.
Von dir, o Allerhöchster,
ist sie Sinnbild.

Gelobt seist du, Herr,
durch den Bruder, den Mond
und durch die Sterne;
am Himmel hast du sie gebildet
köstlich, hell und schön.

Psalm 150

Wie betrachten andere Religionen und Völker die Schöpfung?

Die Schöpfungsgeschichten in der Bibel gefallen mir.

Die sind doch veraltet. Heute weiß man viel mehr über die Entstehung der Welt.

Mir geht es gar nicht um die Entstehung der Welt. Ich lerne, wie Gott uns Menschen mag.

...

Gott sucht Menschen – Menschen suchen Gott

- Wie kann ich Gott spüren?
- Gibt es Gott überhaupt?
- Hört Gott meine Gebete?
- Passt Gott auf alle Menschen auf?
- Gott ist wie ein Baum, und wir sind seine Blätter, die an ihm kleben. Er gibt uns Kraft und Leben.
- Warum lässt Gott Krieg zu?
- Wie sieht Gott aus?
- Wo wohnt Gott?
- Kommt meine Katze auch in den Himmel?

Wie meinst du das?

- Sprecht über die Fragen und versucht Antworten zu finden.
- Wenn du Gott eine SMS schicken könntest, was würdest du ihn fragen?
- Wie stellst du dir Gott vor? Male oder schreibe.

Ich spreche mit Gott

1. Manchmal, wenn ich mit dir reden will,
   hab' ich ein komisches Gefühl.
   So viele Leute woll'n was von dir,
   wird dir das nicht auch mal zu viel?

   Sehe dich nicht, höre dich nicht.
   Weiß nur, dass du irgendwo unsichtbar nah bist.
   Sag' dir Hallo, wünsche mir so,
   dass du an mich denkst und mich nicht vergisst.

2. Kannst du wirklich jedes Wort versteh'n
   in allen Sprachen dieser Welt?
   Wenn einer stumm ist,
   hörst du das auch?
   Zeigst du ihm, dass das gar nicht zählt?

3. Manche sagen danke, manche nicht,
   wenn die Gefahr vorüber ist.
   Macht dich das traurig,
   weil sie nicht seh'n,
   dass in Not du der Helfer bist?

- Welche Fragen sind im Lied formuliert?
- Welche Lieder kennst du, die von Gott erzählen?
- Befragt Menschen nach ihrem Lieblingslied über Gott.

Künstler suchen Gott

Die Heimkehr des verlorenen Sohnes
Rembrandt Harmensz van Rijn (ca. 1662)

Die Erschaffung des Menschen
Marc Chagall (1956–58)

Wo Himmel und Erde sich treffen
Camille Flammarion (1888)

Erscheinung
Helmut Maletzke (2003)

- Sprecht über die Bilder. Was erkennt ihr darauf?
- Wie versteht ihr die Bilder?
- Ordnet die Bilder nach ihrer zeitlichen Reihenfolge.

Leiter zum Mond
Georgia O'Keeffe (1958)

One Candle
Nam June Paik (1988)

No. 15, ohne Titel
Mark Rothko (1952)

Unendlichkeit ganz nahe
Friedensreich Hundertwasser (1993/94)

Sucht weitere Bilder, die Gott zeigen, und gestaltet eine Ausstellung.
Welches Bild magst du am liebsten? Tauscht euch darüber aus.
Schreibe deine Gedanken zu einem Bild auf.

Eine Tür öffnet sich

Ich bin so müde vom Weinen.
Die ganze Nacht weine ich,
mein Bett wird nass von Tränen.

nach Psalm 6,7

Zeige mir den Weg,
den ich gehen soll.
Ich lege mein Leben in deine Hand.

nach Psalm 143,8

Martin Luther fragt sich:

> Was muss ich tun, um Gott zu gefallen? Wie finde ich einen gnädigen Gott?

Du bist nah denen,
deren Herz zerbrochen und
deren Mut zerschlagen ist.

nach Psalm 34,19

- ⓘ Informiere dich über Martin Luther (Seite 88).
- 🔍 Was tat Martin Luther alles, um Gott zu gefallen?
- 🌀 Beschreibt, wie sich Martin Luther Gott vorstellt.

Martin Luther liest in der Bibel.
Er stößt auf eine Stelle
im Römerbrief:

*Gott ist gütig.
Gott schenkt uns seine Vergebung.
Wer glaubt, der wird leben.*
nach Römer 1,17

*Du hast mich nicht
den Feinden ausgeliefert, nein,
du hast mir die Freiheit geschenkt.*
nach Psalm 31,9

Da erkennt Martin Luther:
Gott ist nicht strafend oder rachsüchtig, sondern barmherzig und gnädig.
Er vergibt uns, wenn wir etwas falsch gemacht haben.
Wir müssen nicht ganz viele gute Taten für Gott vollbringen, damit er uns lieb hat.
Wichtig ist vielmehr, von ganzem Herzen an ihn zu glauben.
Martin Luther schreibt seine Erkenntnis auf:
„Allein aus Glauben ist der Mensch vor Gott gerechtfertigt."

 Sprecht über die Entdeckung von Martin Luther.
 Suche deinen wichtigsten Satz auf der Seite.
 Gestalte ein Legebild dazu.

Glaube macht stark

Wo zwei oder drei in meinem Namen versammelt sind, da bin ich mitten unter ihnen.

Matthäus 18,20

Wenn ich bete,
dann bin ich ganz bei mir
und mit Gott verbunden.

Moritz

Mein Herz ist unruhig,
bis es Ruhe findet in dir.

Augustinus

Mit meinem Gott kann ich
über Mauern springen.

Psalm 18,30

Was ist Glaube? Woran glaubst du? Was ist dir wichtig?
Glaube macht stark. Baut mit Partnern ein Standbild und fotografiert es.
Gestaltet eine Feier und erzählt von Situationen, die euch Kraft geben.

Maria F. ist 75 Jahre alt. Sie erzählt:

„Als Kind habe ich mit meinen Eltern und Geschwistern oft gebetet. Das Vaterunser habe ich sehr gerne gemocht. Ich fand es schön, mit Gott so sprechen zu können wie mit Vater oder Mutter. In meiner Kindheit herrschte Krieg und eines Tages erreichte uns die Nachricht, dass unser Vater gestorben war. Ich war sieben Jahre alt und hatte drei kleinere Geschwister. Das war eine sehr schwere Zeit. Ich habe versucht, meine Mutter zu unterstützen. Ich habe beobachtet, dass sie nie aufgehört hat zu beten und dass sie alle ihre Sorgen vor Gott gebracht hat. Für mich wurde in dieser Zeit das Vaterunser noch wichtiger. Es hat mich getröstet, zu Gott Vater sagen zu können.

Als ich erwachsen war, lernte ich einen lieben Mann kennen und gründete eine eigene Familie. Ich war glücklich, und es war mir wichtig, auch meinen Kindern das Vertrauen mitzugeben, dass Gott uns im Leben begleitet. Doch manchmal verstehen wir unsere Lebenswege nicht. Ich habe nicht verstanden, warum mein Mann und zwei meiner Kinder viel zu früh sterben mussten. Immer wieder fragen mich Menschen, wie ich das verkraftet habe. Ich kann es nicht beschreiben. Aber ich kann sagen, dass ich mich letztlich nie ganz alleine gefühlt habe. Ich habe immer daran geglaubt, dass mein Leben von Gott gehalten ist, in guten wie in schlechten Zeiten. Wie meine eigene Mutter, so habe auch ich nie aufgehört zu beten. Ich hatte aber auch liebe Menschen, die mich begleitet und getröstet haben.

Wenn ich über mein Leben nachdenke, frage ich mich, wo eigentlich die Zeit geblieben ist. Ich denke gern über mein Leben nach, ich habe viele gute Erinnerungen. Im Rückblick bin ich mir ganz sicher, dass ich bis zum jetzigen Tag ein erfülltes Leben hatte, auch wenn es viel Leid gab."

 Wie hat der Glaube Maria in ihrem Leben geholfen?
 Was stärkt dich in deinem Leben?
 Befrage Menschen in deiner Familie, was Glaube ihnen in ihrem Leben bedeutet.

Glaube wird lebendig

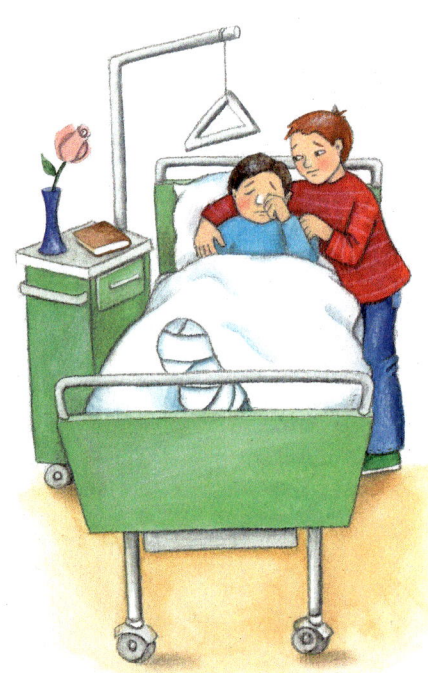

Der Geist Gottes lässt als Frucht eine Fülle von Gutem wachsen, nämlich: Liebe, Freude und Frieden, Geduld, Freundlichkeit, Güte, Treue.

nach Galater 5,22

- Was sind Früchte des Glaubens?
- Erzählt von Beispielen, wie sich Glaube im Alltag zeigt.
- Erstellt eine Collage dazu.

Spurensuche

Wohin wir auch gehen,
selbst wenn wir Gott nicht sehen,
in Höhen und Tiefen,
in denen wir ihn riefen,
lässt er uns nicht allein,
will spürbar bei uns sein,
denn bei jedem Schritt
geht Gott mit,
denn bei jedem Schritt
geht Gott mit.

1. Johannes 4,16

Gott ist für mich …

… wie der Freund der Tiere und der Menschen.
… wie ein heller Strahl, der mir Kraft gibt.
… wie ein Vater, der immer Zeit für mich hat.
… wie jemand, der im Herzen der Menschen wohnt.

Streit — Versöhnung

Jakob und Esau

Schuld schmerzt.

Schuld ist schwer zu tragen.

Schuld versperrt die Sicht.

Vergebung befreit.

Schuld und Vergebung

- Hast du dich schon einmal schuldig gefühlt?
- Wie geht es dir, wenn dir Unrecht geschieht? Baue ein Standbild.
- Kann man Schuld wieder gut machen?

Isaak und Rebekka

Abraham war alt geworden und dachte:
„Isaak soll nun bald heiraten."
„Geh in meine alte Heimat und suche dort eine Frau für Isaak",
beauftragte er seinen Knecht. „Gott wird dir die Richtige zeigen."
Der Knecht machte sich auf den Weg nach Haran.

Dort angekommen traf er an einem Brunnen auf Rebekka.
Er bat sie um etwas Wasser.
Sie gab ihm ihren Wasserkrug und tränkte auch noch
seine Kamele.
„Kann ich bei deiner Familie heute zu Gast sein?",
fragte sie der Knecht.
„Ja, komm gerne mit zu uns", lud Rebekka ihn ein.

Beim Essen sprach der Knecht zu Rebekkas Vater:
„Abraham aus Kanaan schickt mich.
Er ist verwandt mit euch.
Ich soll für seinen Sohn in Haran eine Frau suchen.
Gott hat mich hierher geführt.
Ich denke, eure Tochter ist die Richtige."
Rebekkas Eltern schauten ihre Tochter an:
„Willst du in das Land Kanaan gehen und Isaaks Frau werden?"

nach 1. Mose 24,1–58

Spielt die Szenen am Brunnen und im Haus nach.
Wie könnte die Geschichte weitergehen? Spiele oder schreibe.

Esau und Jakob

Rebekka ging mit Abrahams Knecht nach Kanaan.
Als Isaak und Rebekka sich trafen,
spürten sie sofort: Gott hat uns zusammengeführt.
Sie hatten sich sehr gern.

Bald war Rebekka schwanger.
Sie dachte: „Das sind bestimmt Zwillinge",
denn die beiden Kinder stießen sich gegenseitig in ihrem Bauch.
Sie hatte Angst um die Kinder und betete zu Gott.

Gott sprach zu Rebekka: „Zwei Völker sind in dir.
Der Ältere wird dem Jüngeren dienen."

Das erste Kind, das auf die Welt kam, hatte rote Haare
und eine raue Haut, wie ein Fell. Es war ein Junge.
Isaak und Rebekka nannten ihn Esau.
Er war der Erstgeborene.
Danach kam sein Bruder auf die Welt.
Seine Haut war glatt.
Isaak und Rebekka
nannten ihn Jakob.
Er war der Zweitgeborene.

> *Meinem Freund gehöre ich,
> und nach mir steht
> sein Verlangen.*
>
> Hoheslied 7,11

nach 1. Mose 24,58–67
und 1. Mose 25,21–26

Gott spricht mit Rebekka. Was bedeuten seine Worte?
Wie werden sich die beiden Brüder vertragen?
Denkt euch Situationen aus und spielt sie.

Das Versprechen

Eines Tages kochte Jakob eine Linsensuppe. Da kam Esau von der Jagd zurück: „Gibst du mir etwas ab? Ich hab einen Bärenhunger."
„Nein", antwortete Jakob. „Erst musst du sagen, was du mir dafür gibst."
Esau sprach: „Du kannst alles von mir haben. Hauptsache, ich bekomme die Suppe."
Er war viel zu hungrig, um nachzudenken.
„Gut", sagte Jakob, „dann musst du mir aber etwas versprechen. Gib mir dafür dein Erstgeburtsrecht."

> *Wer mit Schuld beladen ist, geht krumme Wege. Wer aber rein ist, dessen Tun ist gerade.*
>
> Sprüche 21,8

„Von nun an bin ich der Erste und du bist der Zweite."

„Ich verspreche es, aber gib mir jetzt endlich etwas zu essen."

Jakob reichte ihm den Topf mit der Linsensuppe. Hastig aß Esau alles auf und legte sich dann zum Schlafen in sein Zelt.

nach 1. Mose 25,29–34

 Stelle dir vor, du bist Jakob oder Esau. Schreibe einen Tagebucheintrag.
 Wie beurteilst du das Verhalten von Jakob und die Reaktion Esaus?
 Haben die Älteren mehr Rechte?

Der Segen für den Erstgeborenen

Wie fühlt sich Rebekka, wie Isaak?
Was fühlt Jakob, was Esau?
Spielt eine Familienkonferenz. Wie endet sie?

Die Flucht

„Du bist in großer Gefahr!", sagte Rebekka zu Jakob.
„Geh nach Haran zu meinen Verwandten.
Bleib solange dort, bis sich Esau wieder beruhigt hat."
Jakob machte sich sofort auf den Weg.
Als er am Abend müde wurde,
legte er seinen Kopf auf einen Stein und schlief ein.
Da hatte er einen eigenartigen Traum:
Eine Leiter führte geradewegs in den Himmel.
Auf der Leiter gingen Engel auf und ab.
Da hörte er Gottes Stimme.

Am nächsten Morgen sagte Jakob:
„Gott ist hier, und ich wusste es nicht.
Dies ist ein heiliger Ort."
Er stellte den Stein auf und nannte
den Ort Bethel – Haus Gottes.

nach 1. Mose 27,41–45
und 28,10–19

„Ich bin der Herr,
der Gott Abrahams
und der Gott Isaaks.
Ich bin auch dein Gott.

Ich bin bei dir.

Ich behüte dich auf deinem Weg.
Dieses Land will ich dir und deinen Kindern geben."

Warum ist Jakob in Gefahr und muss fliehen?
Wovon träumt Jakob? Warum ist dieser Ort heilig?
Stelle dir vor, du bist Jakob. Schreibe einen Brief an Rebekka.

Rückkehr und Versöhnung

Jakob blieb zwanzig Jahre in der Fremde.
Er bekam eine große Familie
und wurde ein wohlhabender Mann.
Doch er hatte Heimweh.
Gleichzeitig hatte er auch Angst vor Esau.
Eines Nachts sprach Gott im Traum zu Jakob:
„Jakob, geh wieder in deine Heimat zurück.
Vertraue mir. Ich gehe mit dir."
Jakob machte sich mit seiner Familie auf den Weg.

Am Abend kamen sie zum Fluss Jabbok.
Jakob war allein,
als ein Fremder kam und ihn angriff.
Sie kämpften lange.
Jakob bekam einen kräftigen Schlag
auf die Hüfte.
Da merkte er, dass Gott ihm
auf geheimnisvolle Weise sehr nahe war.
Deshalb hielt er die Gestalt fest und bat: „Segne mich!"
Der Mann antwortete: „Du sollst von nun an
nicht mehr Jakob heißen, sondern Israel".
Und er segnete ihn. Nun wusste Jakob,
dass Gott ihn beschützen würde.
Aber von nun an hinkte er.
Er war jetzt bereit, seinem Bruder entgegenzugehen.

Bald sah er ihn kommen.
Jakob verbeugte sich siebenmal vor ihm.
Doch Esau lief direkt auf Jakob zu
und umarmte ihn.

aus 1. Mose 31–33

> Denn bei dir
> ist die Vergebung.
>
> Psalm 130,4

- Wer kämpft mit Jakob? Warum hinkt Jakob anschließend?
- Wie fühlt sich Versöhnung an? Gestalte.
- Was bedeutet der Name „Israel"?

Spurensuche

Mutmach-Rap

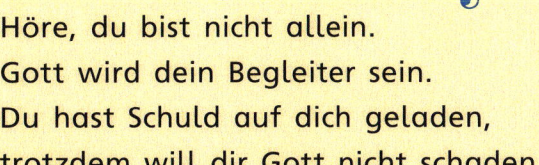

Höre, du bist nicht allein.
Gott wird dein Begleiter sein.
Du hast Schuld auf dich geladen,
trotzdem will dir Gott nicht schaden.

Geh zum Bruder voller Mut.
Er liebt dich, hat keine Wut,
wird nicht nach Vergeltung streben
und kann dir die Schuld vergeben.

Niemand ist hier ohne Schuld,
doch Versöhnung braucht Geduld.
Gott will, dass wir nicht verzagen
und den neuen Anfang wagen.

Psalm 119,105

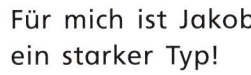

"Für mich ist Jakob ein starker Typ!"

"Für mich ist Esau ein starker Typ!"

"Ich kenne auch so einen Esau."

"Ich kenne auch einen, der sich wie Jakob verhält."

Mose

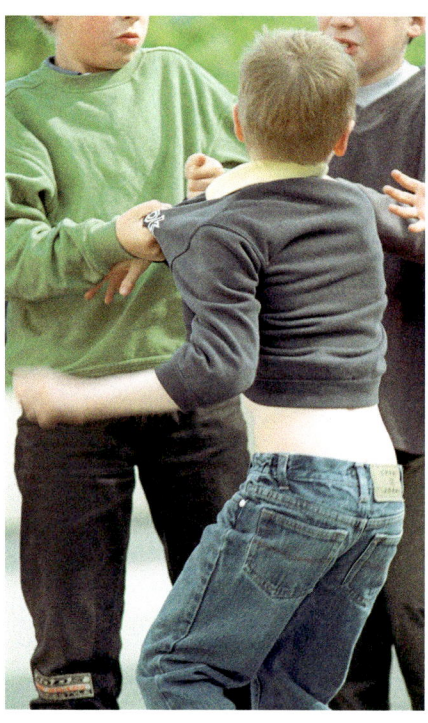

Druck spüren – sich unterdrückt fühlen – bedrückt sein:
Wer übt in deinem Leben Druck aus? Wo und wann fühlst du dich unter Druck?
Auch heute arbeiten Kinder als Sklaven.

Die Israeliten in Ägypten

Die Nachkommen Josefs blieben in Ägypten und wurden dort zu einem großen Volk.

In Ägypten nannte man sie Hebräer.
Das bedeutet „fremd sein".
Der neue Pharao wusste nichts mehr von Josef und was dieser für Ägypten Gutes getan hatte.
Er hatte Angst, dass das Volk der Hebräer größer und stärker werden würde
als die Ägypter. Deshalb ließ er
die Hebräer Frondienste leisten.
Sie mussten als Sklaven Ziegel herstellen, Städte bauen und auf den Feldern
hart arbeiten.

Das Volk Gottes wurde
trotzdem größer und größer.

Da befahl der Pharao,
alle Jungen der hebräischen Mütter
gleich nach der Geburt zu töten.
Nur die Mädchen sollten am Leben bleiben.

 Warum fühlen sich die Israeliten fremd in Ägypten?
 Wann fühlst du dich fremd?
 Gestaltet Tränen der Hebräer und fügt sie zu einer Collage zusammen.

Mutige Frauen

> Ein kleines Baby,
> es hat Hunger und weint.
> Ich will es zu mir nehmen
> und wie meinen eigenen
> Sohn lieb haben.

Schifra und Pua

> Ich kenne
> eine hebräische Frau,
> die kann das Kind stillen,
> bis es größer ist.
> Dann kannst du
> für das Kind sorgen.

Jochebed

> Ich kann meinen Sohn
> nicht länger verstecken.
> Er soll nicht getötet werden.
> Er soll leben!
> Ich lege ihn
> in ein Binsenkörbchen.
> Der Nil ist zwar gefährlich,
> aber noch gefährlicher
> ist der Pharao.

> Wir wollen
> die neugeborenen
> Jungen nicht töten.
> Das kann nicht
> Gottes Wille sein.
> Sie sollen leben.

ägyptische Prinzessin

Mirjam

Fünf mutige Frauen handeln nicht nach dem Willen des Pharao.
Ordne die Texte den Frauen zu.

Spielt die Geschichte. Zeigt dabei, wie mutig die Frauen sind.

Gott, hörst du mich schreien, kannst du mich befreien?

Druck, Druck, Druck!
Wer will denn leben unter
Druck, Druck, Druck?
Gott, hörst du mich schrei'n,
kannst du mich befrei'n
von dem Druck, Druck, Druck?

1. Fünf junge Frauen,
   sie leisten Widerstand.
   Sie müssen sich was trauen,
   erreichen allerhand.

2. Männer und Frauen
   damals und auch heut',
   die müssen sich was trauen,
   wenn Unrecht g'schieht den Leut'.

3. Schaut auf die Schwachen
   in unsrer kleinen Stadt.
   Wir müssen etwas machen,
   dass Druck ein Ende hat.

4. Gott will befreien
   auch mich von Druck und Frust.
   Er hört mein lautes Schreien,
   schenkt Trost und Lebenslust.

Singt das Lied und begleitet den Refrain mit Körperinstrumenten.
Kennst du Not und Unterdrückung in deiner Umgebung oder in der Welt?
Gestalte „Druck und Freiheit" mit Farben oder in einer Pantomime.

Ich bin da

Mose! Mose!

Hier bin ich.

Ich habe das Elend
meines Volkes gesehen.
Ich habe das Schreien
meines Volkes gehört.

Wer bin ich,
dass ich zum Pharao gehen
und das Volk aus Ägypten
herausführen könnte?
Wieso ich?

Sie werden mir
nicht glauben.

Ich kann es nicht!
Ich bin kein guter Redner.

Wer bist **du** eigentlich?

Was siehst du auf dem Bild von Marc Chagall? Was denkst du? Was fühlst du?
Mose zweifelt. Gott bestärkt ihn. Spielt das Gespräch (2. Mose 3).
Wer oder was macht dich stark? Gestalte mit Farben oder Bewegungen.

Ich bin der ICH-BIN-DA

Ich werde da sein
und bin immer da.
Ich bin der,
der dein Da-Sein möglich macht.

Ich bin,
der ich sein werde,
und werde sein,
der ich bin.

- Sprich die Sätze einzeln und laut. Welcher Satz spricht dich besonders an?
- Können auch wir Gottes Nähe spüren?
- Stelle Feuer dar mit Farben, mit Bewegung, mit Klängen oder Sprache.

Gerettet

Gott spricht zu Mose: „Mache dich auf mit deinem Volk.
Ich will euch befreien."
Im Dunkel der Nacht fliehen die Israeliten aus Ägypten.
Der Pharao schickt seine Soldaten hinter ihnen her.
Doch die Israeliten werden in letzter Minute gerettet.

Die Freude über die Freiheit ist groß.
Moses Schwester Mirjam nimmt die Pauke in die Hand,
tanzt und singt ein Loblied auf Gott.

Froh sind wir alle,
Mann und Frau und Kind.
Gott schenkt uns Freiheit,
das Leben nun beginnt.

 Singt das Lied und überlegt euch passende
Bewegungen der Freude dazu.
 Schreibt Wünsche für ein Leben in Freiheit auf.

Gefangen im Zweifel

Doch die Freude hält nicht lange an.
Der Weg ins gelobte Land ist weit.
Vor den Israeliten liegt die Wüste.
Es ist heiß und trocken.
Die Israeliten haben Hunger und Durst.
Sie sind erschöpft.
Die Menschen zweifeln an Mose,
sie zweifeln an Gottes Versprechen,
sie zweifeln an Gott.
Sie sehnen sich nach Ägypten zurück.

 Was machen die Israeliten? Wie reagiert Mose? Wie hilft Gott weiter? Gestaltet die Situation als Pantomime.

 Die Israeliten werden von Gott gestärkt. Schreibe ein Dankgebet.

Gott schenkt den Israeliten Weisungen für das Leben

Ich bin der Herr, dein Gott, der dich aus Ägypten geführt hat.
Du sollst keine anderen Götter neben mir haben.
Du sollst dir kein Bildnis machen von Gott.

Du sollst den Namen des Herrn,
deines Gottes, nicht missbrauchen.

Du sollst den Feiertag heiligen.

Du sollst deinen Vater
und deine Mutter ehren.

Du sollst nicht töten.

Du sollst nicht ehebrechen.

Du sollst nicht stehlen.

Du sollst nicht falsch Zeugnis reden
wider deinen Nächsten.

Du sollst nicht begehren
deines Nächsten Haus.

Du sollst nicht begehren deines Nächsten
Weib, Knecht, Magd, Rind, Esel noch alles,
was dein Nächster hat.

aus 2. Mose 20,2–17

- Welches Gebot ist für dich das wichtigste? Schreibe es auf. Gestalte es.
- Brauchen wir heute noch alle Gebote – oder vielleicht noch mehr?
- Diskutiert miteinander über das Bild: Ist der Stein leicht oder schwer?

Zehn Gebote als Schritte für ein Leben in Freiheit

Gott hat uns doch in die Freiheit geführt – und jetzt schreibt er uns alles vor!

Ich kann dich gut verstehen, Mirjam. Ich frage mich auch oft, wie die Gebote zu begreifen sind. Ich stelle es mir so vor: Gott hat uns alles geschenkt, was wir zum Leben brauchen. Wir haben Tiere, Zelte, meistens auch Wasser und etwas zu essen. Gott sorgt für uns. Darum müssen wir niemandem etwas wegnehmen.

Das sind gute Gedanken, Mose! Gott liebt uns. Darum haben wir es gar nicht nötig zu stehlen.

Du darfst …
Du brauchst …
Du brauchst nicht … denn …
Du musst nicht …
…

- Mirjam und Mose sprechen auch über die anderen neun Gebote.
- Schreibe das Gespräch zu einem Gebot auf.
- Überlegt euch Regeln für euer Zusammenleben in der Klasse. Gestaltet sie.

Ankunft im gelobten Land und Erinnerung

Der Weg durch die Wüste ist lang und beschwerlich. Aber die Israeliten vertrauen darauf: Gott wird sie in das versprochene Land führen.
Es wird ein schönes, fruchtbares Land sein.
Ein Land, in dem Milch und Honig fließen.
Das macht ihnen Hoffnung auf ein Leben ohne Leid und Not,
auf ein Leben in Freiheit und Gerechtigkeit.

Bis heute feiern Juden
jedes Jahr am Passafest (Pessach)
die Befreiung aus Ägypten.
Beim Sedermahl essen sie Speisen,
die sie an die Ereignisse in Ägypten
und an die Flucht erinnern.
Sie erzählen sich die Geschichten
von der Knechtschaft in Ägypten,
dem Aufbruch in die Freiheit
und der Rettung am Schilfmeer.
Sie denken an den schweren Weg
durch die Wüste
und an Gottes Bewahrung.

- Informiert euch über die Speisen des Sedermahls und deren Bedeutung.
- Esst miteinander, singt und erzählt euch die Geschichten der Befreiung des Volkes Israel.

Spurensuche

When Israel was
in Egypt's land.
Let my people go.
Oppressed so hard
they could not stand.
Let my people go.

Go down, Moses,
way down in Egypt's land,
tell old Pharaoh,
to let my people go ...

Spiritual, das im Jahre 1862 zur Zeit der Versklavung der Schwarzen in den USA entstanden ist.

Jesaja 43,16–17

Rote Karte gegen Kinderarbeit

Viel Glück und viel Segen

If you're happy and you know it, clap your hands,
if you're happy and you know it, clap your hands.
If you're happy and you know it and you really want to show it,
if you're happy and you know it, clap your hands.

Ich bin glücklich, wenn …

Betrachtet das Bild. Findet viele Namen für das Bild.
Was macht dich so richtig glücklich?
Singt das Lied mit Bewegungen.

Glücklich sein

sorglos

frei

Jesus sagt:

Selig sind,
die reinen Herzens sind,
denn sie werden
Gott schauen.

Matthäus 5,8

glücklich

froh

selig

💬 Wie fühlen sich die Menschen auf den Bildern?
🌀 Wie denkt Jesus über das Glück? Lies in der Bibel weiter (Matthäus 5).
ℹ Suche im Buch Bilder, die dir zeigen, dass jemand glücklich ist.

Unglücklich sein

ängstlich

wütend

Sammle meine Tränen in deinen Krug.

Psalm 56,9

verzweifelt

schwach

machtlos

- 💬 Beschreibe, was die Kinder auf den Bildern erleben. Geht es dir manchmal auch so?
- 🎭 Bildet Gruppen und stellt die Wörter pantomimisch dar.
- 💬 Was könnte den Kindern Mut machen?

Unglücklich sein ist wie ...

Die da sitzen mussten
in Finsternis und Dunkel,
gefangen in Zwang
und Eisen.

Gott half ihnen
aus ihren Ängsten
und führte sie
aus Finsternis und Dunkel
und zerriss ihre Bande.

Er zerbricht
eiserne Türen und
zerschlägt eiserne Riegel.

Psalm 107,10, 13–14 und 16

 Wie wird im Bild „Unglücklichsein" deutlich?
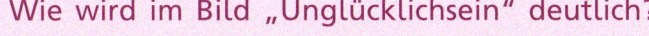 Vergleiche Bild und Psalm.
 Gestalte ein Bild, in welchem sich dein Glück und Unglück treffen.

David und Goliat – Mut und Vertrauen

Gott wird mir helfen!

Es herrschte Krieg zwischen
den Israeliten und den Philistern.
Der stärkste und größte Kämpfer
der Philister war Goliat. Wer den
Zweikampf mit ihm aufnahm, hatte
gegen das ganze Heer der Philister
gewonnen. Doch kein Mann aus dem
Volk der Israeliten wagte es, gegen
den Riesen Goliat anzutreten.
Jeden Morgen kam er auf das Kriegsfeld
und forderte zum Kampfe auf,
und wer diesen Riesen sah,
floh vor ihm und fürchtete sich sehr.

Plötzlich tauchte David auf, ein israelitischer Junge,
und wollte gegen Goliat antreten.
Doch er war kein Krieger, sondern nur ein Schafhirte.
David sprach zu König Saul von Israel:
„Seinetwegen lasse niemand den Mut sinken.
Ich, dein Knecht, werde hingehen und mit dem Philister kämpfen.
Der Gott, der mich von dem Löwen und Bären errettet hat,
der wird mich auch erretten von diesem Philister."
Und Saul sprach zu David: „Geh hin, Gott sei mit dir!"

David nahm seinen Hirtenstab in die Hand
und wählte fünf glatte Steine aus dem Bach.
Er tat sie in die Hirtentasche, die ihm als Köcher diente,
nahm seine Steinschleuder in die Hand und ging Goliat entgegen.
Der Philister aber kam immer näher an David heran
und sein Schildträger ging vor ihm her.

 David hat Mut und Vertrauen. – Erzähle.
 Schaue nach, was es mit der Rüstung auf sich hat: 1. Samuel 17,38–39.
 Gestalte Vertrauen und Mut mit Farben.

Als der Riese Goliat David sah, rief er:
„Bin ich denn ein Hund,
dass du mit einem Stab zu mir kommst?"
Und er verfluchte Davids Gott.
David aber sprach: „Du kommst zu mir mit Schwert,
Lanze und Spieß, ich aber komme zu dir
im Namen Gottes, den du verhöhnst.
Heute wird dich Gott in meine Hand geben."

Als sich Goliat mit schweren Schritten
David näherte, lief ihm David schnell entgegen.
David steckte seine Hand in die Hirtentasche,
nahm einen Stein heraus und …

nach 1. Samuel 17

- Wie könnte die Geschichte weitergehen?
- Lies in der Bibel und vergleiche.
- Ist David glücklich?

Gott mag mich, wie ich bin

Und so geh' nun deinen Weg
ohne Angst und voll Vertrau'n.
Dass du nicht alleine gehst,
darauf kannst du bau'n.
Gottes guter Segen zieht mit dir ins Land,
und auf allen Wegen hält dich seine Hand.

1. Du bist seine Perle, Gottes Schatz bist du,
   du bist einzigartig und nur du bist du.
   Niemand kann so lachen, niemand weint wie du.
   Wenn es dich nicht gäbe, fehlen würdest du.

2. Du bist in der Wüste, in der Dunkelheit
   niemals ganz verlassen, denn für alle Zeit
   wird der gute Hirte schützend bei dir sein.
   Auch in schweren Zeiten bist du nicht allein.

 In welchen Situationen bittest du um Gottes Hilfe?
 Gestalte deinen Lebensweg mit seinen Höhen und Tiefen.

Ich bin vergnügt

Psalm
Ich bin vergnügt, erlöst, befreit.
Gott nahm in seine Hände meine Zeit,
mein Fühlen, Denken, Hören, Sagen,
mein Triumphieren und Verzagen,
das Elend und die Zärtlichkeit.

Was macht, dass ich so fröhlich bin
in meinem kleinen Reich?
Ich sing und tanze her und hin
vom Kindbett bis zur Leich.

Was macht, dass ich so furchtlos bin
an vielen dunklen Tagen?
Es kommt ein Geist in meinen Sinn,
will mich durchs Leben tragen.

Was macht, dass ich so unbeschwert
und mich kein Trübsinn hält?
Weil mich mein Gott das Lachen lehrt
wohl über alle Welt.

Hanns Dieter Hüsch

 Schreibe ein eigenes Gedicht.
 Gestalte es mit Farben und Formen.

Gottes Segen auf all deinen Wegen

Gott schenke dir
die Kraft des Bären
und die Geduld der Schnecke.

Gott schenke dir
die Leichtigkeit
des Schmetterlings.

Gott fülle dein Herz
mit Frieden und Mut.

Gott segne dich
mit der Weite
des Himmels.

Gottes Engel
begleiten dich
auf all deinen
Wegen.

Gott schenke dir
seine Liebe,
immer und überall.

Gott segne dich
mit ...

 Überlege, in welchen Situationen diese Segenswünsche gesprochen werden können.
 Schreibe eigene Segenswünsche auf, gestalte und verschenke sie.

Spurensuche

Psalm 91,11

Ich würde diese Geschichte gerne anderen erzählen,
weil man mit Gottes Kraft stark werden kann. Wenn ich mich klein fühle, denke ich an DAVID. Ich denke, ich kann auch was. Und oft kann ich es dann wirklich.

Gebet für den neuen Tag

Gottes Liebe möge mich begleiten
in hellen und in dunklen Zeiten.
Im Herzen wohnt ein heller Schein,
Gott mag immer mit mir sein.

Das möchte ich mir ins Herz schreiben

Bringen Glücksbringer Glück?

Jesus Christus

Kinder malen Jesus.

Wie hat Jesus ausgesehen?
Das weiß niemand.

Überlege, was die Kinder über Jesus denken:
Jesus ist einer, der …
Was ist dir an Jesus wichtig? Male ein eigenes Bild.

Menschen warten auf den Messias

Der Messias kommt, wenn alle Menschen Gottes Gebote halten.

Der Messias kommt, er wird uns von den Römern befreien.

Ich lasse mir mein Königreich nicht wegnehmen.

Ob der Messias auch zu mir kommt? Oder ist er nur für die Gesunden da?

Die Steuern sind zu hoch. Bringt der Messias endlich Gerechtigkeit?

Wenn der Messias kommt, werden alle Menschen zum Tempel kommen.

Propheten Gottes hatten versprochen: „Ein Kind wird geboren, Gott ist mit ihm. Der Retter wird Frieden bringen und Gerechtigkeit. Niemand muss mehr Angst haben."

aus Jesaja 9 und 11

 Was denken die Menschen über den Messias?
Finde heraus, wie die Menschen im Land Israel lebten.
Warum warteten sie auf einen Retter?

Jesus wird getauft

Am Jordan predigt Johannes der Täufer:
„Kehrt um, denn Gottes Reich ist nahe.
Lasst euch taufen, Gott will euch eure Schuld vergeben."
Viele Menschen kommen und Johannes tauft sie mit Wasser aus dem Fluss.
Er sagt: „Nach mir kommt einer, der größer und wichtiger ist als ich,
auf den sollt ihr hören".
Die Menschen fragen: „Ist das der Messias?"   nach Lukas 3,15–16

Auch Jesus lässt sich
von Johannes taufen.
Da kommt Gottes Geist
auf ihn herab,
er sieht aus wie eine Taube.
Alle hören eine Stimme,
die vom Himmel her kommt:

„Du bist mein lieber Sohn,
dich habe ich erwählt".

nach Lukas 3,21–22

Dieses Bild hat der Künstler
Andrea del Verrocchio
im Jahre 1475 gemalt.
Er hat darin ausgedrückt,
wie er sich die Taufe Jesu
vorstellt.

Auf dem Bild kannst du viel entdecken. Erzähle und gestalte ein eigenes Bild.
Ist Jesus Gottes Sohn? Sprecht darüber.
Sucht in einer Kirche das Taufbecken. Findet ihr dort eine Taube?

Jesus verkündet das Reich Gottes

Nach seiner Taufe geht Jesus in die Wüste.
Dort bleibt er viele Tage.
In der Wüste ist es heiß und gefährlich. Jesus ist allein.
Er will herausfinden, was er tun muss.
Nach 40 Tagen weiß er, was Gott von ihm will.
Und er geht los.
Er geht zu den Menschen in Galiläa.

Jesus sagt: „Gott ist hier, bei uns.
Ihr braucht keine Angst zu haben,
Gott hat euch lieb."
Die Menschen spüren, dass Jesus
im Namen Gottes spricht.
Jesus ist ganz anders als die Gesetzeslehrer.
Jesus kann man vertrauen.
Und sie gehen mit ihm.
Es werden immer mehr.

nach Lukas 4

Hungrige werden satt,
Traurige werden getröstet,
Blinde sehen,
Arme hören die gute Nachricht.

nach Lukas 7,22

- Welche Geschichten kennst du von Jesus? Erzähle.
- Male ein Bild von deiner Lieblingsgeschichte.
- Wie erfahren wir, was Gott von uns will?

Was ist das Reich Gottes?

Jesus zieht im Land umher. Er sagt: „Gottes Reich ist ganz nah, ihr könnt es sehen!" Viele Menschen folgen ihm.
Sie fragen ihn: „Was ist das für ein Reich – das Reich Gottes?"

Erforschen und wissen

Viele Menschen am See Genezareth säen schwarzen Senf in ihre Gärten.

Das Samenkorn ist 1 mm groß, die Pflanze wird 2 m hoch.

Man macht daraus Öl und Medikamente.

*Das Reich Gottes ist wie ein kleines Senfkorn.
Ein Mann sät es in seinen Garten.
Es wächst und wird ein Baum,
in dem die Vögel ihre Nester bauen.*

nach Lukas 13,18–19

Nachdenken und verstehen

Warum vergleicht Jesus das Reich Gottes mit einem Senfkorn?

Was kann der Bauer tun, damit der Same wächst?

Wie wächst das Reich Gottes unter uns?

Ist das Reich Gottes klein oder groß?

Was denkst du über das Gleichnis?

Mein wichtigster Gedanke: ...

 Schau dir schwarzen Senfsamen an. Koste.
 Finde heraus, warum die Geschichte Jesu „Gleichnis" heißt.
 Spiele das Gleichnis ohne Worte nach.

Jesus erzählt: Gottes Reich ist wie …

Jesus sieht die Menschen,
er spürt ihre Sehnsucht und ihr Vertrauen.
Er hört ihre Fragen und erzählt Gleichnisse.

… Sauerteig.
Lukas 13,21

… ein Schatz im Acker.
Matthäus 13,44

… nach Hause kommen.
Lukas 15,11–32

Erzähle oder spiele die Geschichten zu den Bildern.
Vergleiche die Geschichten mit dem Gleichnis vom Senfkorn. Was fällt dir auf?
Gestalte eigene Bilder für das Reich Gottes.

Wie ist es in Gottes Reich?

Jesus zieht im Land umher. Er sagt: „Gottes Reich ist ganz nah, ihr könnt es erfahren!" Viele Menschen folgen ihm. Sie spüren: Jesus kommt von Gott. Sie fragen ihn: „Wie können wir Gottes Reich erkennen?"

Erforschen und wissen

Aussatz ist eine ansteckende Hautkrankheit.

Ein Aussätziger durfte nicht mit Gesunden zusammen sein.

Die Priester im Tempel entschieden, ob ein Mensch gesund war.

Ein Mensch hat am ganzen Körper Aussatz. Als er Jesus sieht, bittet er: „Jesus, wenn du willst, kannst du mich heilen." Jesus berührt ihn und sagt: „Du bist rein, geh und zeige dich den Priestern. Sage aber niemandem etwas davon."

nach Lukas 5,12–16

Nachdenken und verstehen

Woher hat Jesus die Kraft, Menschen zu heilen?

Was denken wohl die anderen Menschen auf dem Bild?

Wie fühlt sich der Kranke?

Warum soll der Kranke nichts erzählen?

Wie können wir heute kranken Menschen helfen?

Mein wichtigster Gedanke: ...

 Spiele, wie der kranke Mensch wieder nach Hause kommt.
Kennst du andere Geschichten, in denen Jesus jemanden heilt? Erzähle.

Jesus handelt in Vollmacht – Jesus tut Wunder

Jesus sieht die Menschen, er bemerkt ihre Angst,
ihre Traurigkeit und ihr Vertrauen.
Er sieht auch ihre Not und ihr Leid.
Er berührt sie. Da werden sie gesund
und verlieren ihre Angst.

Er hilft auch am Sabbat.
Lukas 6,6–11

Er macht die Tauben hörend
und die Sprachlosen redend.

Markus 7,31–37

Wind und Wellen gehorchen ihm.
Lukas 8,22–25

- Lies die Geschichten in der Bibel. Forsche und denke weiter darüber nach.
- Gestaltet eine Geschichte als Rollenspiel.
- Wie erfahren die Menschen das Reich Gottes?

Wie sollen wir leben?

Jesus zieht im Land umher. Er sagt: „Gottes Reich ist ganz nah, ihr könnt es erleben!"
Viele Menschen folgen ihm. Sie fragen ihn: „Wie sollen wir leben in Gottes Reich?"
Jesus sieht die Menschen, er spürt ihre Sorge und ihre Sehnsucht nach Heil.
Er sagt ihnen, worauf es ankommt: „Richtet euch nach meinen Worten.
Darauf könnt ihr bauen wie auf einen festen Grund."

Erforschen und wissen

Gesetz heißt auf Hebräisch „Tora".

Zu diesen Schriften gehören zum Beispiel die Zehn Gebote.

Propheten sind Menschen, die im Auftrag Gottes reden und handeln. Sie klagen Unrecht an. Sie trösten aber auch und sprechen von Gottes Liebe.

Jesus sagt:
„Alles, von dem ihr wollt,
dass es euch die Leute
tun sollen,
das tut ihnen auch!
Das ist das ganze Gesetz
und die Botschaft
der Propheten."
nach Matthäus 7,12

Nachdenken und verstehen

Jesu Ausspruch wird auch die „Goldene Regel" genannt
– warum wohl?

Ist diese Regel einfach oder schwer?

Was wäre, wenn sich alle an die Goldene Regel hielten?

Mein wichtigster Gedanke: ...

Stellt euch abwechselnd auf festen Boden und auf einen weichen Untergrund (zum Beispiel ein Kissen, eine Matte, Sand). Beschreibt den Unterschied.
Wie sollen sich deine Freunde verhalten? Wie möchtest du sein?

Jesus sagt, worauf es ankommt

Ihr seid das Licht der Welt.
Matthäus 5,14

Jesus lehrt uns beten:

Vater unser im Himmel,
geheiligt werde dein Name.
Dein Reich komme,
dein Wille geschehe,
wie im Himmel, so auf Erden.
Unser tägliches Brot gib uns heute.
Und vergib uns unsere Schuld,
wie auch wir vergeben unsern Schuldigern.
Und führe uns nicht in Versuchung,
sondern erlöse uns von dem Bösen.
Denn dein ist das Reich und die Kraft
und die Herrlichkeit in Ewigkeit.
Amen.

Matthäus 6,9–13

Liebt eure Feinde.
Matthäus 5,44

Sorgt euch nicht um euer Leben.
Matthäus 6,25

- Schaue die Bilder an und erzähle dazu.
- Wem kannst du von deinen Sorgen erzählen?
- Gestalte eine Jesuskerze und bringe sie einem traurigen Menschen.

Menschen folgen Jesus

Jesus hat viele Freunde. Menschen, die ihm begegnen, spüren: Er ist Gott ganz nah. Sie folgen ihm und wollen leben, wie er es gesagt hat. Das ist aber nicht immer leicht.

Maria aus Magdala
Jesus hat sie von einer schlimmen Krankheit befreit. Sie folgte ihm bis nach Jerusalem und unterstützte ihn mit ihrem Vermögen.

Petrus
Er war einer von den zwölf Jüngern Jesu. Er hat gewusst: Jesus ist der Messias. Er hat ihn nicht immer verstanden, sich aber dann mutig zu ihm bekannt.

Maria und Martha
Sie waren Schwestern und luden Jesus oft zu sich ins Haus ein.

Paulus
Er war ein frommer Pharisäer. Als Jesus ihm begegnete, brachte er die gute Nachricht in die ganze Welt.

Bis heute folgen Menschen Jesus nach.

Dietrich Bonhoeffer

Dorothee Sölle

Xavier Naidoo

Barbara Scheffer

- Kennt ihr noch andere Menschen, die Jesus nachfolgen? Gestaltet eine Bildergalerie.
- Wie begegnete Paulus Jesus? Können wir Jesus heute auch noch begegnen?
- Was bedeutet das Zeichen oben rechts?

Jesus hat nicht nur Freunde

Jesus geht nach Jerusalem. Im Tempel jagt er die Händler hinaus.
Er sagt: „Beim Propheten Jesaja steht: Mein Haus soll ein Bethaus sein.
Ihr habt es zu einer Räuberhöhle gemacht".
Täglich lehrt Jesus im Tempel. Die Hohenpriester, die Schriftgelehrten
und die Angesehensten des Volkes wollen ihn umbringen.
Aber sie finden keinen Weg, wie sie es machen sollen,
weil das ganze Volk an ihm hängt und ihm zuhört.

nach Lukas 19,45–48

ⓘ Lies die Geschichte in der Bibel. Forsche und denke weiter darüber nach.
💬 Warum ist Jesus zornig? Ob er heute auch manchmal wütend wäre?
🎭 Spielt ein Streitgespräch: Pro und kontra: für oder gegen Jesus.

Jesus leidet und stirbt

In Jerusalem feiert Jesus mit seinen Jüngern das Passamahl. Er sagt:
„Teilt miteinander Brot und Wein. Dann bin ich bei euch. Das gilt für alle Zeiten."

Jesus ist allein, er weint und klagt.
Gott gibt ihm Kraft und Mut.

Jesus wird gefangen genommen.

Wo wird heute Brot und Wein geteilt, wie Jesus es gesagt hat?
Schaue auch auf Seite 92 nach.

Petrus sagt: „Ich kenne ihn nicht."

Jesus wird gefragt: „Bist du der König der Juden?"

Jesus betet: „Mein Gott, warum hast du mich verlassen?" Er stirbt am Kreuz.

- Gestaltet ein Mittebild, legt Trauersteine dazu, teilt miteinander Brot.
- Gestaltet in eurer Klasse einen Passionsweg mit Naturmaterialien.
- Warum hängt in Kirchen ein Kreuz?

Ostern – Jesus ist auferstanden

Drei Tage nach der Kreuzigung gehen Maria aus Magdala
und zwei andere Frauen zum Grab Jesu. Sie weinen.
Sie sind traurig, weil sie Jesus verloren haben.
Am Grab sind zwei Männer in glänzenden
Gewändern. Sie sagen: „Warum sucht
ihr den Lebenden bei den Toten?
Jesus ist nicht hier,
er ist auferstanden."
Die Frauen erzählen
die freudige Nachricht
weiter.

nach Lukas 24,1–12

Drei Tage nach der Kreuzigung gehen zwei Jünger
von Jerusalem nach Emmaus. Auch sie sind traurig. Jesus ist tot.
Auf dem Weg treffen sie einen Mann. Sie erzählen ihm,
was geschehen ist. Der Mann hört zu und erklärt ihnen,
warum Jesus sterben musste. Sie laden ihn zum Essen ein.
Als er das Brot teilt, erkennen sie: Dieser Mann ist Jesus.
Da verschwindet er vor ihren Augen. Die Jünger glauben:
Jesus ist auferstanden, er lebt.

nach Lukas 24,13–35

- Im Ostergottesdienst gibt es das „Osterlachen". Was ist das?
- Spielt die Geschichten nach. Vergleicht sie.
- Malt ein Bild mit dem Titel „Vom Tod ins Leben".

Die freudige Nachricht breitet sich aus

Maria aus Magdala erzählt es den Jüngern: „Jesus ist nicht im Grab. Er lebt!"

Die Jünger aus Emmaus erzählen es den anderen: „Wir haben mit Jesus gegessen, er lebt!"

Jesus selbst kommt zu den Jüngern und sagt: „Ich lebe und ihr sollt auch leben. Ihr seid meine Zeugen, erzählt allen Menschen davon."

So sehr liebt Gott die Menschen, dass er seinen eigenen Sohn in die Welt schickt, damit alle, die an ihn glauben, nicht verloren gehen.

nach Johannes 3,16

Petrus predigt in Jerusalem: „Gott hat Jesus auferweckt. Wir sind seine Zeugen."

Paulus predigt an vielen Orten: „Jesus lebt. Gott hat ihn auferweckt. Viele haben ihn gesehen. Auch mir ist er begegnet. Jetzt muss niemand mehr Angst vor dem Tod haben. Gott will, dass alle Menschen leben."

Ostern feiern wir: Jesus lebt. Halleluja!

Führt den Passionsweg mit Naturmaterialien weiter.
Spielt und gestaltet: Eine freudige Nachricht breitet sich aus.
Findet Klänge für die Ausbreitung der frohen Botschaft.

Die Evangelisten erzählen von Jesus

Jesus hat zu seinen Jüngern gesagt: „Ich werde immer bei euch sein. Auch wenn ihr mich nicht sehen könnt, meine Kraft ist in euch." Und die Jünger erzählten den Menschen von Jesus, was er gesagt und getan hat. Und dann sagte einer: „Ich schreibe die Geschichten auf, die Geschichten von Jesus, dem Messias, der gelebt hat, gestorben ist und der von Gott zu neuem Leben auferweckt wurde. Sie sollen niemals vergessen werden."

Der erste Evangelist war Markus. Er nannte seine Schriftrolle **Evangelium von Jesus Christus, dem Sohn Gottes**.
Er will zeigen: In allem, was Jesus getan und gesagt hat, können wir den Messias erkennen.

Matthäus hat das Evangelium von Markus gelesen.
Er kannte noch mehr Geschichten von Jesus. Er glaubt: Jesus ist der Messias, von dem schon die Propheten gesprochen haben und auf den alle Menschen gewartet haben.

Auch Lukas kannte das Markus-Evangelium und andere Jesus-Geschichten. Mit seinem Evangelium möchte er zeigen, dass Jesus besonders die Armen liebte und zu allen Menschen ging, die keiner haben wollte. Er erzählt auch von den Frauen, die mit Jesus unterwegs waren.

Johannes, dem vierten Evangelisten, war es wichtig zu zeigen, dass Jesus von Gott kommt und der Weg zu Gott ist.

- Findet heraus, woher der Name „Evangelist" kommt.
- Stelle eine eigene Schriftrolle her. Was möchtest du von Jesus erzählen?
- Was kannst du noch über die Evangelien herausfinden? Berichte.

Geschichten von der Geburt Jesu

Zuerst gab es die Geschichten von Jesus, der im Namen Gottes
zu den Menschen ging und ihnen die gute Botschaft erzählte.
Und es gab die Geschichten von seinem Tod am Kreuz
und von seiner Auferweckung zu neuem Leben.
Dann fragten die Menschen: „Wo und wie ist Jesus eigentlich geboren?"
Niemand wusste es genau. Deshalb haben Markus und Johannes
auch nichts über die Geburt Jesu geschrieben.

Lukas war wichtig:

> Jesus ist jemand, dem die einfachen
> Menschen am Herzen liegen.
> Er ist für die Schwachen da.
> „Engel verkündeten einfachen Hirten
> auf dem Feld die Botschaft:
> Euch ist heute der Heiland geboren.
> Er liegt in Windeln gewickelt
> in einer Krippe im Stall."
>
> nach Lukas 2

Matthäus war wichtig:

> Jesus ist ein ganz besonderer König,
> auf den viele gewartet haben.
> „Von Anfang an gab es große Zeichen
> für diesen König. Sogar aus fremden
> Ländern kamen weise Sterndeuter
> nach Bethlehem und fanden dort
> das Kind in der Krippe. Sie schenkten
> ihm Gold, Weihrauch und Myrrhe."
>
> nach Matthäus 2

- Gibt es eine oder zwei Weihnachtsgeschichten?
- Gestaltet einen Adventsweg und geht mit den Hirten und Weisen zur Krippe.
- Was sind Weihrauch und Myrrhe? Probiert aus, wie sie riechen.

Die Kirche entsteht

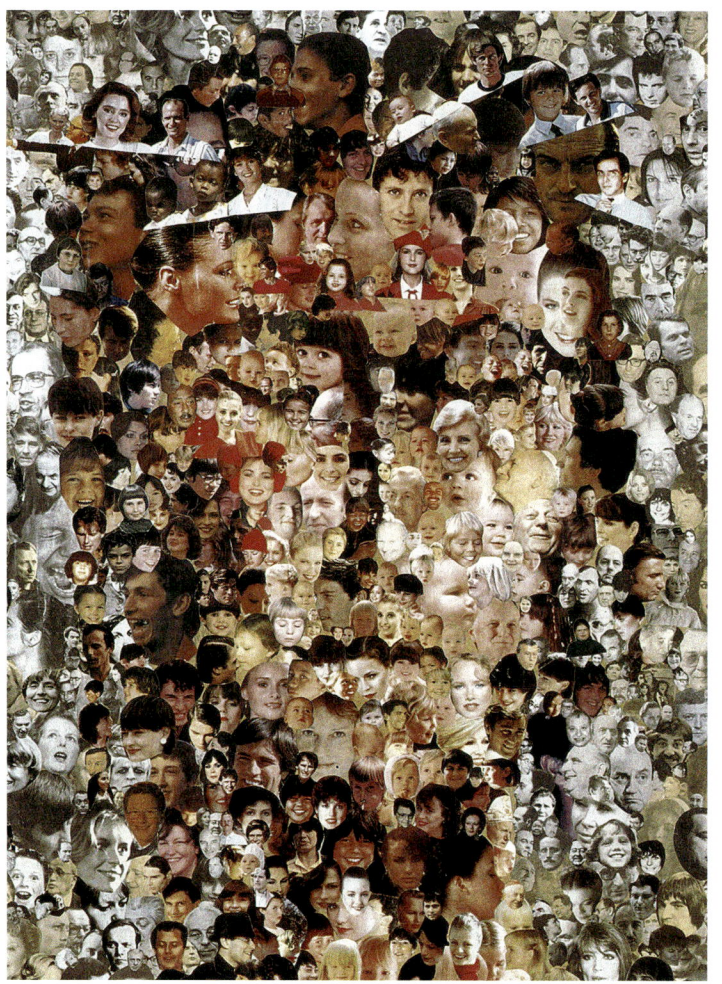

Die Freunde Jesu haben
seine Geschichten weitererzählt.
Auch Paulus ist Jesus begegnet.
Er wird Apostel,
ein Botschafter des Evangeliums
in der ganzen Welt.
Er unternimmt viele Reisen
und predigt überall:

„Gott ist für uns,
wer kann da gegen uns sein?
Er hat uns
mit seinem eigenen Sohn
alles geschenkt.
Darum kann uns nichts und
niemand von Gottes Liebe trennen,
keine Angst, keine Traurigkeit,
nicht einmal der Tod."

nach Römer 8,31–35

Überall kommen Menschen zusammen.
Sie wollen zu Jesus gehören,
sie lassen sich taufen und feiern Gottesdienste.
Sie teilen Brot und Wein, wie Jesus es gesagt hatte.
Und sie merken:
Jesus ist mitten unter uns, auch wenn wir ihn nicht sehen.
Sein Geist ist mit uns.

ⓘ Schaut auf der Landkarte in einer Bibel nach, wohin Paulus überall gereist ist.
ⓘ Lest in der Bibel nach, wie Paulus zum Apostel wurde (Apostelgeschichte 9,1–9).
💬 Überall auf der Welt gibt es Kirchen. Wie kommt das?

Spurensuche

Philipper 2,5–11

Jesus ist so ähnlich wie Gott.
Denn Jesus ist eigentlich Gottes Sohn.
Deswegen weiß man nicht,
ob er jetzt ein Mensch ist oder ein Gott.

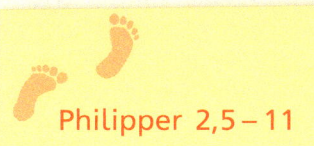

Der Name Yeshua/Jesus bedeutet: **Gott hilft**.

Jeden Abend, jeden Morgen
mach' ich mir so manche Sorgen.
Doch du bist bei mir,
machst mir Mut.
Danke, Jesus, du tust mir gut!
Amen.

Leben und Tod

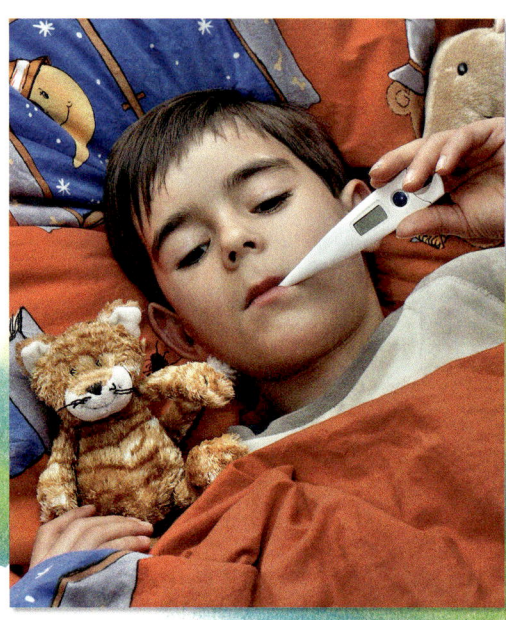

 Erzähle, was du auf den Bildern siehst.
Findet weitere Bilder und gestaltet ein Plakat zum Thema Leben und Tod.

Alles hat seine Zeit

Alles, was auf Erden geschieht, hat seine Zeit,
seine von Gott bestimmte Zeit.

Geboren werden hat seine Zeit, und Sterben hat seine Zeit.
Pflanzen hat seine Zeit, und Ernten hat seine Zeit.
Schweigen hat seine Zeit, und Reden hat seine Zeit.
Gesundsein hat seine Zeit, und Kranksein hat seine Zeit.
Lachen hat seine Zeit, und Weinen hat seine Zeit.

Alles, was auf Erden geschieht, hat seine Zeit,
seine von Gott bestimmte Zeit.

nach Prediger Salomo 3,1–8

 Sprecht den Text. Zu welchen Textzeilen passen die Fotos?
 Schreibe weitere Strophen.
 Gestaltet den Text mit Legematerialien.

Meine Vorstellung vom Tod

Wenn ich sterbe, gehe ich zu Gott.
Tobias

Das Rote ist Gott. Die blauen Kreise sind wir Menschen. Wir bleiben immer bei Gott – im Leben und wenn wir tot sind. Andreas

Das Leben ist wie eine Uhr. Irgendwann hört sie auf zu schlagen.
Janine

Ein toter Mensch läuft durch einen dunklen Tunnel, und am Ende ist ein helles Licht. Die Menschen aber sind traurig. Vera

- Welche Vorstellungen haben die Kinder vom Tod?
- Wie stellst du dir den Tod vor? Male und schreibe.
- Macht eine Bilderausstellung und sprecht über eure Vorstellungen.

Gott ist bei uns im Leben und im Tod

Christen glauben, dass sie im Leben, im Sterben und im Tod bei Gott sind.

Gott hat Jesus in die Welt geschickt.

Er war in seinem Leben bei ihm.

Gott war auch im Tod bei ihm.

Er hat Jesus neues Leben geschenkt.

Paulus sagt: Deshalb können wir hoffen.
Gott lässt auch uns im Sterben nicht allein.
Er schenkt uns neues Leben.

Paulus schreibt:

> Ich bin gewiss,
> dass wir im Leben und im Tod
> in der Liebe Gottes bleiben.
> Nichts kann uns von ihr trennen.
> Auch wer stirbt,
> bleibt in der Liebe Gottes,
> die in Jesus Christus
> den Menschen sichtbar wurde.
>
> nach Römer 8,38 und 39

- Nichts kann uns von der Liebe Gottes trennen. Sprecht über eure Gedanken.
- Findet Standbilder zu dem Bibeltext.
- Gestaltet eigene Hoffnungsbilder mit Naturmaterialien.

Der Friedhof: Ort der Erinnerung und des Friedens

Friedhöfe sind Orte der Trauer und der Erinnerung.
Sie geben den Verstorbenen eine letzte Ruhestätte.
Und sie künden von der Auferstehung der Toten.

Menschen gehen zum Grab und erinnern sich
an den geliebten Menschen.
Sie besuchen das Grab und pflegen es.
Manche Menschen weinen, beten und zünden Kerzen an.

Betrachtet die Gräber. Was fällt euch auf?
Warst du schon einmal auf einer Beerdigung?
Sprecht darüber.

Hoffnungsgedanken der Bibel: Was uns tröstet

Das Weizenkorn
wird in die Erde gelegt.
Aus ihm wächst ein neuer Halm,
der zur Ähre wird.
So ist es mit dem Menschen.
Er stirbt und wird in die Erde gelegt.
Gott gibt ihm einen neuen Leib,
eine neue Gestalt.

nach 1. Korintherbrief 15,37–38

Gott ist die Liebe;
und wer in der Liebe bleibt,
der bleibt in Gott
und Gott in ihm.

1. Johannesbrief 4,16

Jesus Christus spricht:
„Wahrlich, ich sage euch:
Wer glaubt, der hat
das ewige Leben."

Johannes 6,47

Gott spricht: „Denn ich weiß wohl,
was ich für Gedanken über euch habe:
Gedanken des Friedens und nicht des Leides,
dass ich euch gebe Zukunft und Hoffnung."

Jeremia 29,11

Das wünsch' ich sehr,
dass immer einer bei mir wär',
der lacht und spricht:
Fürchte dich nicht.

Welcher Hoffnungsgedanke tröstet dich?
Kennst du andere Hoffnungssätze?
Gestalte, was dich tröstet.

Gott ist bei mir – im Leben und im Tod

1. Meinem Gott gehört die Welt,
   meinem Gott das Himmelszelt.
   Ihm gehört der Raum, die Zeit,
   sein ist auch die Ewigkeit.

2. Und sein Eigen bin auch ich.
   Gottes Hände halten mich
   gleich dem Sternlein in der Bahn.
   Keins fällt je aus Gottes Plan.

3. Wo ich bin, hält Gott die Wacht,
   führt und schirmt mich Tag und Nacht.
   Über Bitten und Verstehn
   muss sein Wille mir geschehn.

4. Täglich gibt er mir das Brot,
   täglich hilft er in der Not.
   Täglich schenkt er seine Huld
   und vergibt mir meine Schuld.

5. Leb ich, Gott, bist du bei mir,
   sterb ich, bleib ich auch bei dir.
   Und im Leben und im Tod,
   bin ich dein, du lieber Gott.

Was sagt das Lied über Leben und Tod?
Begleitet das Lied mit Bewegungen.

Spurensuche

Meine Zeit steht in deinen Händen.
Psalm 31,16

Für Christen ist das Kreuz ein Hoffnungssymbol. Es steht für Tod und Auferstehung. Das Leben siegt über den Tod.

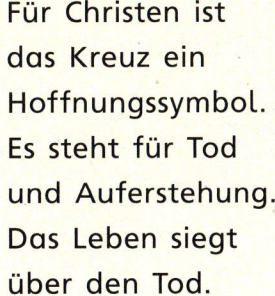

Johannes 8,12

Wenn wir tot sind,
können wir nicht mehr stehen,
wir können die Blumen nicht mehr sehen,
die Hand der Mutter nicht mehr fassen.
Oh Gott, du wirst uns nicht verlassen.

Wir sind in einer neuen Welt.
Gott macht, dass es uns dort gefällt.
Wir wissen nicht, wie wir dort sind.
Gott aber sagt: „Du bleibst mein Kind."

Wir denken nicht so gern ans Sterben.
Wir möchten nicht ganz anders werden.
Oh Gott, du willst die Hand uns geben.
In diesem und im anderen Leben!

Amen   Regine Schindler

Evangelisch und katholisch

Kennst du Unterschiede zwischen evangelisch und katholisch? Welche?

Warum gibt es evangelische und katholische Christen?

Am Anfang gab es eine Kirche
für alle Christen: die katholische Kirche.
Das Wort „katholisch" bedeutet:
das Ganze betreffend, allgemein gültig.

Am Ende des Mittelalters ging es
vielen Menschen sehr schlecht.
Es gab nur wenig zu essen.
Viele starben an Krankheiten
wie der Pest oder in Kriegen.
Manche glaubten sogar,
das Ende der Welt ist ganz nah.
Die Menschen hatten Angst.
Sie stellten sich Gott als Richter vor,
der alle Sünden der Menschen nach
dem Tod mit der Hölle bestrafen wird.

Darum beichteten sie in der Kirche
ihre Sünden. Viele glaubten, sie könnten
sich mit Geld von der Strafe befreien
und kauften bei den Predigern Ablassbriefe.
Mit diesem Geld wurden
prachtvolle Kirchen gebaut.
Die meisten Menschen gingen damals nicht
zur Schule. Sie konnten also nicht selbst
lesen, was in der Bibel steht.
Nur die Gelehrten konnten die Bibel lesen
und sie auslegen.

In dieser Zeit lebte **Martin Luther**.

Giotto di Bondone
malte im Jahre 1303
seine Angst vor der Hölle.

Das Bild stammt aus dem Mittelalter. Was entdeckst du auf ihm?
Denkst du, dass es Gottes Wille ist, Geld für Sünden zu bezahlen?

Wer war Martin Luther?

Das ist Martin Luther. Er wurde am 10. November 1483 geboren. Seine Eltern schickten ihn zur Schule. Dort lernte er auch Latein und Griechisch.

Wie viele Menschen seiner Zeit hatte auch Martin Luther große Ehrfurcht vor Gott. Er fürchtete, Gottes Willen nicht zu erfüllen.

Martin Luther wurde Mönch. Im Kloster betete er Tag und Nacht, fastete und arbeitete hart. Er quälte sich sehr, um Gott zu gefallen. Auch las er viel in der Bibel. Er studierte Theologie und wurde Priester.

Eines Tages entdeckte er in der Bibel, dass Gott ganz anders ist, als er immer geglaubt hatte. Gott will die Menschen nicht bestrafen. Er liebt sie und verzeiht ihnen. Luther verstand: In Jesus Christus zeigt Gott seine Liebe zu den Menschen. Martin Luther wurde sehr froh. Er merkte: **Vor Gott braucht niemand Angst zu haben.** Er wollte, dass alle Menschen das erfahren.

Er schrieb es auf und predigte im Gottesdienst: Niemand braucht für Gottes Vergebung Geld zu bezahlen. Wer das behauptet, ob Prediger oder Papst, der hat Unrecht.

- Wie veränderten sich Luthers Vorstellungen von Gott? Schaue auch auf Seite 22–23.
- Male im gleichen Bild ANGST und BEFREIUNG.
- Luther prostestierte: Überlegt euch Protestsätze und schreibt sie auf!

Martin Luther und die Bibel

Viele Menschen freuten sich über Luthers Predigten. Aber nicht alle. Der Papst in Rom und mächtige Fürsten wollten, dass Luther alles zurücknimmt, was er gesagt und geschrieben hatte.

Aber Martin Luther sagte:
„Es steht alles so in der Bibel. Ich muss die Wahrheit sagen."
Deshalb wollte ihn der Papst aus der Kirche ausschließen.
Auch der Kaiser schützte ihn nicht mehr, jeder durfte Martin Luther töten. Luther musste fliehen und seine Freunde versteckten ihn auf der Wartburg im Thüringer Wald.
Dort übersetzte er die Bibel in die deutsche Sprache. Martin Luther wollte, dass alle Menschen die frohe Botschaft von der Liebe Gottes selbst lesen können.
Mit seinen Erkenntnissen wollte er auch die Kirche reformieren (erneuern).

Luthers Schriften und Gedanken verbreiteten sich in ganz Deutschland.
Viele Menschen wollten nicht mehr auf den Papst und die Kirche hören.
Es kam zum Streit unter den Christen und zur Spaltung. Neben der katholischen Kirche bildete sich die evangelische Kirche. Ihre Anhänger nannten sich evangelisch, weil ihnen **das Evangelium, die frohe Botschaft der Bibel**, so wichtig geworden war.
Viele Mönche und Nonnen verließen die Klöster, einige Priester heirateten.
Auch Martin Luther heiratete. Mit Katharina von Bora gründete er eine große Familie.
Martin Luther setzte sich dafür ein, dass alle Kinder zur Schule gehen können, damit alle die Bibel selbst lesen können.

Bis heute gibt es eine evangelische und eine katholische Kirche.
Beide Kirchen haben sich weiterentwickelt. Die Trennung aber dauert bis heute an. Viele Christen finden das nicht schön. Sie feiern ökumenische Gottesdienste und suchen nach Gemeinsamkeit.

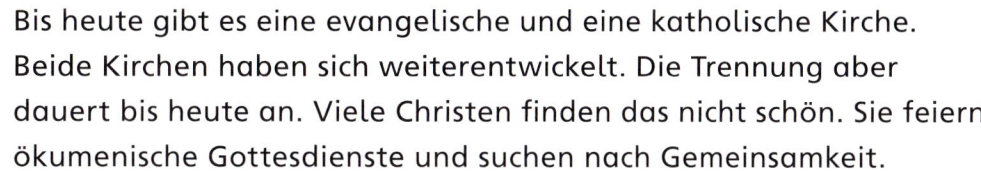

Findet heraus, wie die frohe Botschaft für Martin Luther lautete (Römer 1,17).
Spielt: Auf dem Marktplatz begegnen sich Martin Luther und ein Verkäufer von Ablassbriefen.

In einer evangelischen Kirche

Benennt und erklärt, was ihr in diesem evangelischen Kirchenraum seht.
Welche Symbole kannst du entdecken? Was bedeuten sie?
Zeigt und erklärt euren katholischen Mitschülern eure Kirche.

In einer katholischen Kirche

Benennt und erklärt die Besonderheiten dieses katholischen Kirchenraumes.
Besucht mit euren katholischen Mitschülern eine katholische Kirche.
Welche Elemente findet ihr in beiden Kirchenräumen?

Konfirmation und Kommunion

Tina: In der achten Klasse feiere ich Konfirmation. Das Wort Konfirmation bedeutet Befestigung. Wir bekennen uns vor der Gemeinde zum christlichen Glauben. Wir sagen Ja zu unserer Taufe und werden im Gottesdienst gesegnet. Außerdem feiern wir Abendmahl mit Brot und Wein oder Traubensaft.
Von jetzt an sind wir erwachsene Mitglieder der Gemeinde.

Tom: Ich bin in der dritten Klasse und feiere meine Erstkommunion. Das Wort Kommunion bedeutet Gemeinschaft. Wir dürfen zum ersten Mal die Hostie essen.
In der achten Klasse feiern wir Firmung. Das Wort Firmung bedeutet Stärkung. Wir bekräftigen unseren Glauben und unsere Taufe. Von nun an sind wir erwachsene Mitglieder der Gemeinde.

In vielen Gemeinden gibt es heute auch schon Abendmahl für Kinder.

Ich fand meine Erstkommunion sehr aufregend und schön.

- Hast du schon einmal an einem Abendmahl teilgenommen?
- Warst du schon einmal zu einer Konfirmation oder Kommunion eingeladen? Berichte.

Feste und Feiertage

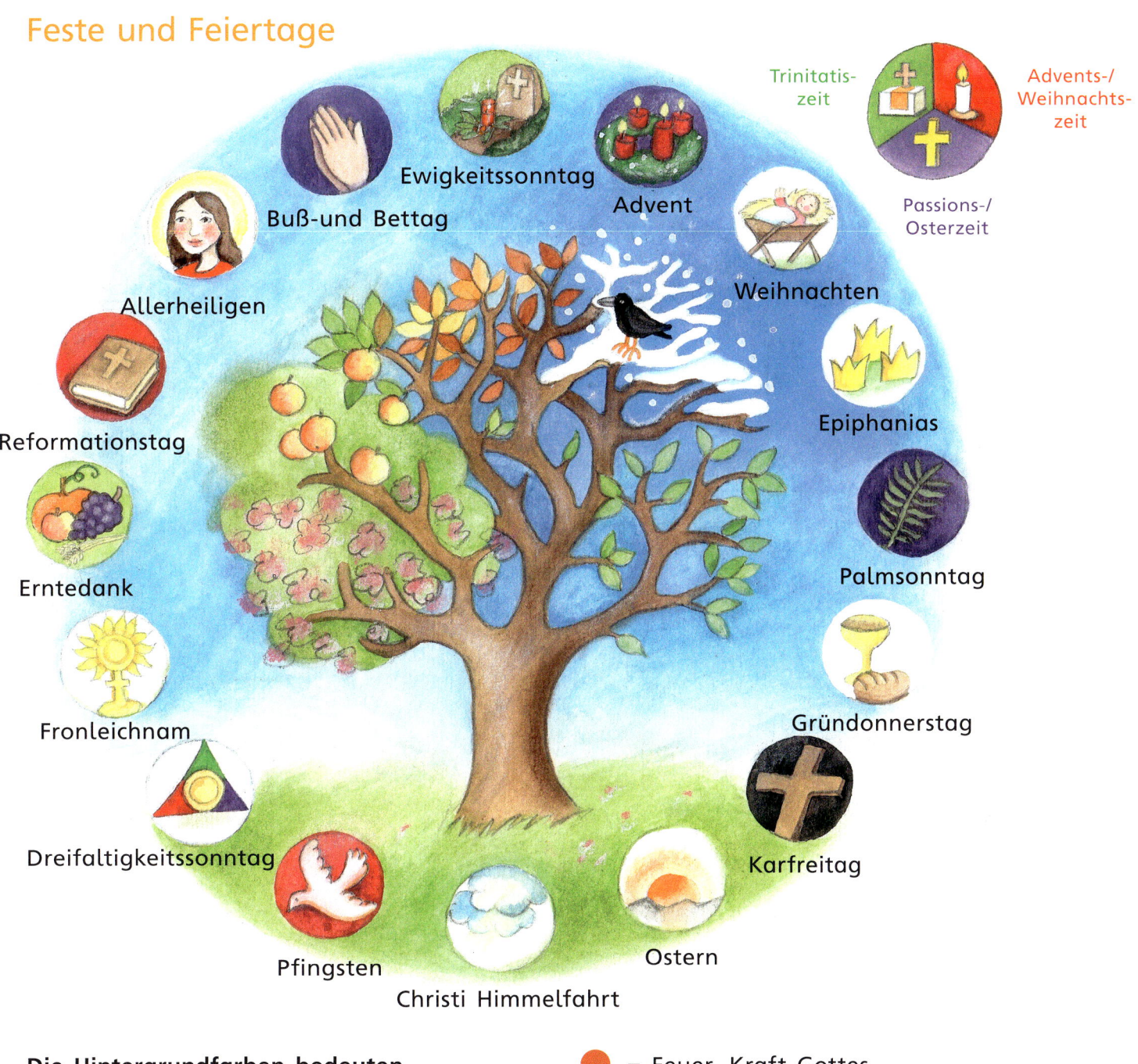

Die Hintergrundfarben bedeuten
◯ = Licht, Freude
● = Besinnung, Nachdenken
● = Feuer, Kraft Gottes
● = Schöpfung, Hoffnung
● = Trauer

- Finde evangelische, katholische und gemeinsame Feiertage heraus.
- Ordne die einzelnen Feste den Zeiten im Kirchenjahr zu.
- Kennen evangelische Christen auch Heilige?

Meine Kirchengemeinde

Ein Haus aus lebendigen Steinen

Organistin/Organist
„Ich begleite die Lieder mit der Orgel."

Kirchengemeinderat/Presbyterium
„Wir leiten die Gemeinde und entscheiden über alle wichtigen Planungen unserer Gemeinde."

Küster/Mesner
„Ich bereite die Kirche für die Gottesdienste vor."

Pfarrerin/Pfarrer
„Ich halte den Gottesdienst, bin Seelsorger/in und gebe Religionsunterricht."

Jugendgruppen
„Wir machen ein spannendes Programm in den Gruppenstunden und fahren auf Freizeiten."

Ökumenische Kindergruppe
„Wir unternehmen etwas mit den katholischen Kindern."

Diakonie
„Wir arbeiten zum Beispiel in der Krankenpflege!"

Posaunenchor
„Posaune macht Laune!"

… und vieles mehr.

- Welche Personen sind am Bildrand zu sehen? Erkläre ihre Aufgaben.
- Wo kannst du in deiner Gemeinde aktiv sein?
- Überlegt euch ein ökumenisches Projekt für eure Klasse.

Spurensuche

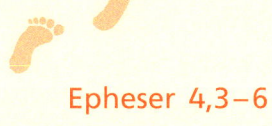
Epheser 4,3–6

Ein feste Burg ist unser Gott. ♪

Ich danke dir, mein himmlischer Vater,
durch Jesus Christus, deinen lieben Sohn,
dass du mich diese Nacht
vor allem Schaden und Gefahr behütet hast,
und bitte dich,
du wolltest mich diesen Tag auch behüten
vor Sünden und allem Übel.
Denn ich befehle mich, meinen Leib und Seele
und alles in deine Hände.

aus dem Morgensegen von Martin Luther

Warum hat der Papst keine Frau?

War Jesus katholisch oder evangelisch?

Haben katholische und evangelische Christen die gleiche Bibel?

Menschen fragen nach dem Leben

Wer sind die anderen?
Wer hat mein Vertrauen?
Wen liebe ich?

Wie stehe ich
zu den anderen?
Was bedeutet mir
Gemeinschaft?

Wer tröstet mich?

Warum bin ich
auf der Welt?
Wer bin ich?

Wo komme ich her?

Religionen geben Antworten

Wer hat die Welt gemacht?
Welchen Platz und welche Aufgabe habe ich in der Natur?

Welche Feste sind mir wichtig?
Wann feiere ich?
Wie feiere ich?

Wie kann ich ein gelingendes Leben führen?
Wann bin ich glücklich?

Wo ist Gott in meinem Leben?
Woran glaube ich?

Wo gehe ich hin?

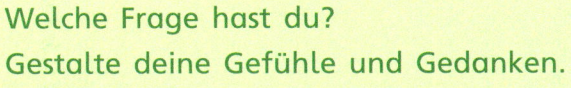

Welche Frage hast du?
Gestalte deine Gefühle und Gedanken.
Betrachtet eure Ergebnisse und sprecht darüber.

Judentum – Christentum – Islam

Was siehst du auf den Fotos? Was kennst du? Was möchtest du wissen?
Christentum – Judentum – Islam: Ordne die Fotos diesen Religionen zu.

Wir gehen aufeinander zu

Juden, Christen und Muslime
leben hier in uns´rem Land,
haben ihren eignen Glauben,
manches ist uns nicht bekannt.
Juden, Christen und Muslime
wollen sich noch mehr versteh'n,
stellen gegenseitig Fragen,
können neue Wege geh´n.

Du bist Muslim.
Ich möchte dich versteh´n.
Erzähle mir von Gott.
Wie redest du mit ihm?

Du bist Jude.
Ich möchte dich versteh´n.
Erzähle mir von Gott.
Wie redest du mit ihm?

Du bist Christ.
Ich möchte dich versteh´n.
Erzähle mir von Gott.
Wie redest du mit ihm?

- Was könnten Kinder aus den drei Religionen antworten?
- Kennt ihr noch andere Religionen? Dichtet weitere Strophen.
- Was sagen Menschen, die nicht an Gott glauben?

Judentum

Das Judentum ist die älteste der drei großen Religionen. Es ist ca. 4000 Jahre alt.

Woran Juden glauben

Juden glauben an einen einzigen Gott. Sein Name ist **Jahwe**. Weil dieser Name heilig ist, sprechen die Juden ihn nicht aus, sondern umschreiben ihn.
Der **Tanach** ist die Heilige Schrift der Juden. Das sind die biblischen Bücher des Alten Testaments. Besondere Bedeutung haben die 5 Bücher Mose, die **Tora**.
Das **Glaubensbekenntnis** der Juden lautet:
Höre Israel, der Herr ist unser Gott, er allein. Du sollst ihn von ganzem Herzen lieb haben.
(nach 5. Mose 6,4 – 6)

Das Gotteshaus

Zum feierlichen Gebet und zum Gottesdienst versammelt sich die Gemeinde in der **Synagoge**. Ein Vorbeter liest auf Hebräisch aus der Tora vor.
Der **Rabbi** ist Prediger und Lehrer in der Synagoge.

Wie Juden beten

Gebete gehören zum täglichen Leben, sie haben für einen Juden wichtige Bedeutung im Alltag. Die Juden beten im Stehen, das ist ein Zeichen des Respekts vor Gott. Männer ab 13 Jahren tragen beim Beten einen Gebetsmantel und Gebetsriemen, welche um Kopf und Arm gelegt werden, außerdem haben sie eine Kopfbedeckung auf, die Kippa.

Essen und Trinken

Speisen müssen im Judentum **koscher** (rein) sein. Das heißt, sie müssen den Vorschriften der Tora entsprechen.
Fleisch und Milchprodukte dürfen zum Beispiel nicht zusammen gekocht werden.

ⓘ Was wisst ihr über das Judentum? Was möchtet ihr noch wissen? Findet euch in Gruppen zusammen und geht euren Fragen nach. Präsentiert eure Ergebnisse in der Klasse.

Jüdische Kunst

Juden haben viele Bilder mit biblischen Motiven. Gott wird allerdings nicht dargestellt. Ein berühmter jüdischer Maler war Marc Chagall. Er malte auch dieses Bild von König David mit der Harfe.

Feste und Feiertage

Juden feiern viele Feste, zum Beispiel **Pessach**, **Schawuot** und **Purim**. Am **Pessach-Fest** feiern Juden die Befreiung des Volkes Israel aus der Sklaverei in Ägypten.
Schawuot heißt übersetzt Wochenfest.
Es wird sieben Wochen nach Pessach gefeiert.
Juden feiern an diesem Tag den Erhalt der Zehn Gebote.
Sie danken Gott auch für die ersten Früchte der Ernte.
Das **Purim-Fest** erinnert an die Rettung der Juden in Persien, die im Buch Ester beschrieben ist. Die Kinder verkleiden sich und machen mit Rasseln Lärm.

Der **Schabbath** ist der Ruhetag der Juden. Er beginnt am Freitagabend mit einem festlichen Essen.
Vor dem Essen zündet die Mutter Kerzen an und spricht ein Gebet. Der Schabbath dauert bis zum Sonnenuntergang am Samstag. In der Synagoge werden am Freitagabend und Samstag Gottesdienste gefeiert.

ⓘ Sucht nach berühmten jüdischen Personen, z.B. Anne Frank oder Albert Einstein.
ⓘ Entdeckt ihr von Marc Chagall weitere Bilder im Buch?
Findet die Geschichte von König David.

Islam

Der Islam ist die jüngste der drei großen Religionen.
Die islamische Zeitrechnung beginnt am 16. Juli 622.

Woran Muslime glauben

Muslime glauben an einen einzigen Gott, der auf Arabisch **Allah** heißt. Muslime sagen: „Gott ist groß. Mohammed ist sein Prophet." Die fünf sogenannten Säulen des Islam sind die Grundpflichten eines jeden Muslimen: den Glauben bekennen – beten – fasten – Almosen geben – möglichst einmal im Leben nach Mekka pilgern.
Der **Koran** ist die Heilige Schrift der Muslime.
Das muslimische **Glaubensbekenntnis** lautet:
Ich bezeuge, dass es keinen Gott außer Allah gibt und dass Mohammed sein Prophet ist.

Das Gotteshaus

Die **Moschee** ist das Gebetshaus der Muslime. Die Gläubigen versammeln sich meist freitags dort. Der Muezzin ruft zum Gebet.
Der **Imam** ist der Vorbeter.

Essen und Trinken

Im Islam gibt es Speisevorschriften. Zum Beispiel essen gläubige Muslime kein Schweinefleisch und trinken keinen Alkohol.

Wie Muslime beten

Die Gläubigen beten fünfmal am Tag in der Moschee, zu Hause oder unterwegs. Sie knien dazu auf einem Teppich.
Die Kopfbedeckung der Muslime drückt den Respekt vor Gott aus.
Manche Gläubige bewegen noch eine Gebetskette in der Hand und nennen dabei 99 verschiedene Namen für Gott.

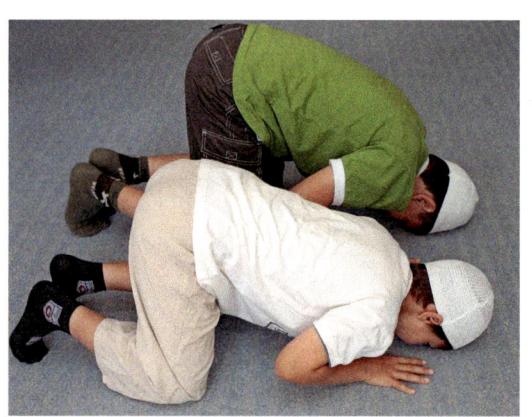

ⓘ Was wisst ihr über den Islam? Was möchtet ihr noch wissen?
Findet euch in Gruppen zusammen und sucht nach Informationen.
Präsentiert eure Ergebnisse in der Klasse.

Muslimische Kunst

Im Islam werden keine religiösen Figuren dargestellt. Daher gibt es auch in der Moschee kein Bild des Propheten Mohammed und kein Bild von Personen aus dem Koran.
Muslime schmücken aber durch kunstvolle Fliesen, Kalligraphien oder Mosaike die Moschee.

Feste und Feiertage

Muslime feiern viele Feste, zum Beispiel das **Opferfest** und das **Ramadanfest,** auch **Zuckerfest** genannt.
Am **Opferfest** denken Muslime an Ibrahim (Abraham). Sie schlachten ein Schaf und teilen das Fleisch mit Armen, Nachbarn und der Familie.
Muslime fasten den ganzen Monat **Ramadan** lang. Sie dürfen in dieser Zeit nur vor Sonnenaufgang und nach Sonnenuntergang essen und trinken.
Am Ende dieses Fastenmonats feiern sie das Fest des Fastenbrechens, das **Zuckerfest**.

Der besondere Wochentag der Muslime ist der **Freitag**. Zur Mittagszeit gehen Muslime in die Moschee zum Gebet. Der Tag ist jedoch kein Ruhetag, es darf gearbeitet werden.

(i) Sucht nach berühmten muslimischen Personen, zum Beispiel Schirin Ebadi oder Mesut Özil. Was findet ihr über sie heraus?

Christentum

Das Christentum ist fast 2000 Jahre alt.
Es beginnt mit Ostern und dem Bekenntnis zu Jesus Christus.

Woran Christen glauben

Christen glauben an einen einzigen Gott.
Sie glauben daran, dass **Jesus Christus**
Gottes Sohn ist. Jesus hat den Menschen
von Gott erzählt und ihnen gezeigt,
dass das Reich Gottes nahe ist.
Die Heilige Schrift der Christen ist die Bibel.
Die **Bibel** hat zwei Teile: das Alte Testament
und das Neue Testament.
Im **Glaubensbekenntnis** der Christen heißt es:
Ich glaube an Gott, den Vater, den Allmächtigen,
den Schöpfer des Himmels und der Erde.
Und an Jesus Christus, seinen eingeborenen Sohn,
unsern Herrn (…) Ich glaube an den Heiligen Geist,
die heilige christliche Kirche,
Gemeinschaft der Heiligen, Vergebung der Sünden,
Auferstehung der Toten und das ewige Leben.
Amen.

Wie Christen beten

Das Vaterunser ist ein
wichtiges Gebet der Christen.
Christen beten zu
verschiedenen Zeiten am Tag,
es gibt aber keine festen
Vorschriften dafür.
Christen danken und loben Gott
in ihren Gebeten, sie bitten und
klagen vor Gott.
Beim Beten können verschiedene
Körperhaltungen eingenommen
werden.

Das Gotteshaus

Die **Kirche** ist das Gotteshaus der Christen.
In der Kirche finden Gottesdienste statt. Viele
Kirchen sind jeden Tag geöffnet.

 Vergleicht die drei Religionen miteinander,
die ihr auf den Seiten 100–105 kennengelernt habt.
 Gestaltet Lernplakate zu den drei Religionen.

Christliche Kunst

Christen haben viele Bilder
mit biblischen Motiven.
Häufig ist Jesus abgebildet,
manchmal auch Gott.
In vielen Kirchenfenstern
sind biblische Geschichten
oder Heilige dargestellt.

Feste und Feiertage

Christen feiern viele
Feste, zum Beispiel
Weihnachten,
Ostern, **Pfingsten**,
Erntedank.

Der **Sonntag** ist
der Ruhetag der Christen.
Sie feiern Gottesdienst in der Kirche.
Der Pfarrer oder die Pfarrerin gestaltet
den Gottesdienst. Oft wirken Menschen
aus der Gemeinde in den Gottesdiensten mit.

Essen und Trinken

Im Christentum gibt es keine festen Speisevorschriften. Viele Christen haben früher
an jedem Freitag, dem Todestag Christi,
auf Fleisch verzichtet. Heute ist dies vor allem
noch an Karfreitag Brauch.
In der Passionszeit, auch Fastenzeit genannt,
verzichten viele Christen freiwillig auf
eine Sache, zum Beispiel Süßigkeiten.

💬 Was muss ein christlicher, ein jüdischer und ein muslimischer Künstler beachten?
ℹ️ Schaut euch die Kunstwerke in einer christlichen Kirche an.
✋ Macht Fotos oder fertigt Zeichnungen davon an.

Überall auf der Welt gibt es gläubige Menschen

Die Stammesreligionen der Indianer sowie die Religion der Buddhisten und der Hindus sind schon sehr alt. Auch sie beschäftigen sich mit Fragen des Lebens und versuchen Antworten zu finden.

Die **Buddhisten** haben das Ziel, ein gutes Leben zu führen. Sie sollen sich von der Gier nach den Dingen befreien. Die Tiere und die Pflanzen sind Lebewesen und verdienen deshalb besonderes Mitgefühl.

Hindus ziehen sich an einen stillen Ort zurück, um zu meditieren. Dadurch bekommen sie neue Kraft und befreien sich von belastenden Gedanken.

In einigen **indianischen** Stammesreligionen darf keinem Tier ein Leid zugefügt werden. Indianer sagen, dass die Erde unsere Mutter ist und die Flüsse unsere Brüder. Sie achten die Natur sehr.

- Wie gehen diese Religionen mit Tieren und Pflanzen um?
- Was bedeutet Meditation? Frage nach.
- Welche Religionen gibt es in deiner Umgebung? Mache eine Umfrage.

Spurensuche

Jesus ist im Judentum, Christentum und Islam bekannt. Doch die Bedeutung von Jesus ist jeweils anders.
Juden achten ihn als wichtigen Lehrer.
Muslime schätzen ihn als Propheten.
Christen beten Jesus als Sohn Gottes an und sie glauben, dass in ihm Gott selbst zu uns Menschen kommt.
Auch **Abraham** ist in diesen drei Religionen bekannt und wird unterschiedlich gesehen.

Was haben alle Religionen eigentlich gemeinsam?

Gibt es eine einzig wahre Religion?

Glauben wir alle an denselben Gott?

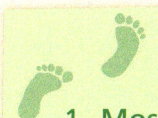
1. Mose 12,2

*Wir loben und wir danken Gott,
dem Herrn der Welten.
Wir preisen Ihn
und bitten Ihn um Hilfe.
Nur Ihm vertrauen wir
und von Ihm erbitten wir Vergebung.*

Gebet aus dem Islam

Bibelwerkstatt

Das Wort **Bibel** kommt aus der griechischen Sprache. **Biblia** bedeutet **Bücher**.
In der Bibel sind viele einzelne Bücher zu einem Buch zusammengefasst.
Wenn du das Inhaltsverzeichnis einer Bibel aufschlägst, siehst du,
in welcher Reihenfolge die biblischen Bücher geordnet sind.
Du erkennst auch, dass die Bibel aus zwei großen Teilen besteht,
aus dem Alten Testament AT und dem Neuen Testament NT.

In unserem Schulbuch findest du viele Angaben von Bibelstellen:
zum Beispiel 1. Mose 1,27 oder Lukas 3,21–22.

Wenn eine Stelle aus der Bibel angegeben wird,
nennen wir zuerst das biblische Buch.
Die Zahl hinter dem Namen des biblischen Buches
zeigt das Kapitel an.
Nach der Kapitelangabe steht ein Komma,
danach wird ein Vers oder mehrere Verse angegeben.

Lukas 3,21–22

Lukasevangelium, 3. Kapitel, Verse 21 bis 22.

Eine Zahl vor einem biblischen Buch bedeutet,
dass es mehrere Bücher mit diesem Namen gibt.
Es gibt zum Beispiel fünf Bücher Mose.
Sie werden nummeriert: 1. Mose, 2. Mose, …

1. Mose 1,27

1. Buch Mose, Kapitel 1, Vers 27

- Schlage eine Bibel auf. Vergleiche die Länge des Alten und Neuen Testamentes.
- Mit welchen Geschichten beginnt das Neue Testament?
- Schlage die Bibelstellen auf den Spurensuche-Seiten nach.

ⓘ Ordne die fehlenden Bücher zu.
Das Inhaltsverzeichnis einer Bibel hilft dir dabei.

🌀 In welchen biblischen Büchern stehen die Geschichten unseres Schulbuches?

109

Mein Weg durch die Bibel

Auf dem Weg durch die Bibel kann ich Antworten auf meine Fragen finden.

Was kann ich für die Schöpfung tun?

1. Mose 1,1–2,4a
1. Mose 2,4b–3,24
Die biblischen Schöpfungserzählungen

Schließt Gott auch Freundschaft mit mir?

1. Mose 6,5–9,17
Die Erzählung von Noah

Wie kann ich mit Schuld umgehen?

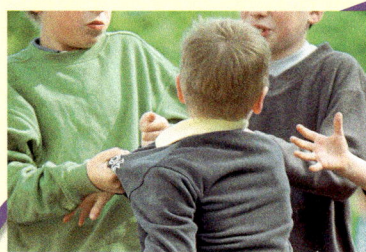

1. Mose 25–33
Die Erzählung von Jakob und Esau

Wie kann ich mein Leben mit Gott führen?

2. Mose 20,2–17
Die Zehn Gebote

Kann ich mit Gott auch stark werden?

1. Samuel 17
Die Erzählung von David und Goliat

Wie wird mein Leben verlaufen?

Prediger 3,1–8
„Alles hat seine Zeit"

Ist Jesus wichtig für mich?

Matthäus 6,9–13
Markus 7,31–37
Lukas 24
Johannes 3,16
Texte aus den Evangelien

Bin ich für Gott gut genug?

Römer 1,17
Eine Bibelstelle zum Thema „Glaube"

Ist Gott immer bei mir?

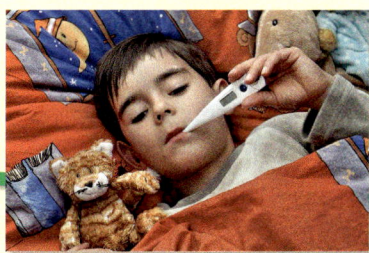

Römer 8,38–39
Eine Bibelstelle zu Gottes Liebe

🌀 Finde zu den Fragen weitere Bibeltexte und Bilder aus dem Buch. Welche Fragen hast du?

Quellennachweis

Texte

Bibelzitate aus: Lutherbibel, revidierter Text 1984, durchgesehene Ausgabe in neuer Rechtschreibung © 1999 Deutsche Bibelgesellschaft, Stuttgart. Mit „nach ..." oder „aus ..." gekennzeichnete Texte sind freie Nacherzählungen einer Bibelstelle.

S. 10 So lange das Theater steht: Erzählt nach: Victor Ravizza, Joseph Haydn. Die Schöpfung. Meisterwerke der Musik, Heft 24. Wilhelm Fink Verlag, München 1981, S. 61–62. **S. 17** Auszug aus dem Sonnengesang des Franz von Assisi. Zitiert nach: Walter Nigg, Der Mann aus Assisi, Herder-Verlag, Freiburg 1975, S. 26. **S. 41** Rainer Oberthür, Ich bin der ICH-BIN-DA. Aus: Die Bibel für Kinder und alle im Haus. Erzählt und erschlossen von Rainer Oberthür. Mit Bildern der Kunst ausgewählt und gedeutet von Rita Burrichter, Kösel Verlag, München ⁵2007, S. 89. **S. 55** Hanns Dieter Hüsch, Psalm. Ich bin vergnügt ... Aus: Hanns Dieter Hüsch/Uwe Seidel, Ich stehe unter Gottes Schutz. tvd-Verlag, Düsseldorf 2003, S. 140. **S. 85** Regine Schindler, Wenn wir tot sind. Aus: Regine Schindler, Gott, ich kann mit Dir reden. Verlag Ernst Kaufmann, Lahr 1982.

Liedtexte

S. 13 Der Traum von einem Paradies. © Text: Norbert Weidinger/Rolf Krenzer, Musik: Ludger Edelkötter © Impulse Musikverlag Ludger Edelkötter, Drensteinfurt. **S. 19** Gebet. (Manchmal, wenn ich mit dir reden will ...). Text und Musik: Hella Heizmann, © Gerth Medien Musikverlag, Asslar. **S. 27** Gott geht mit. (Wohin wir auch gehen ...). Text: Micaela Röse/Sebastian Schade, Musik: Sebastian Schade, © AAP Lehrerfachverlage, Buxtehude. **S. 35** Mutmach-Rap. Text: Edelgard Moers, Musik: Martin Buntrock, © Calwer Verlag, Stuttgart/Diesterweg, Braunschweig. **S. 39** Druck, Druck, Druck! Text: Ulrike von Altrock, Musik: Ulrike von Altrock, © Calwer Verlag, Stuttgart/Diesterweg, Braunschweig. **S. 42** Druck, Druck, Druck! (5. Str.: Froh sind wir alle ...). Text: Ulrike von Altrock, Musik: Ulrike von Altrock, © Calwer Verlag, Stuttgart/Diesterweg, Braunschweig. **S. 47** When Israel was ... Text und Musik: Spiritual, traditionell. **S. 48** If you're happy ... Text und Musik: traditionell. **S. 54** Und so geh' nun deinen Weg. Text und Musik: Clemens Bittlinger, © Clemens Bittlinger. **S. 83** Das wünsch ich sehr. Text: Kurt Rose, Musik: Detlev Jöcker, © Menschenkinder Verlag, Münster. **S. 84** Meinem Gott gehört die Welt. Text: Arno Pötzsch, Musik: Christian Lahusen, © Bärenreiter-Verlag, Kassel. **S. 95** Ein feste Burg ... Text und Musik: Martin Luther. **S. 99** Juden Christen und Muslime. Text: Edelgard Moers, Musik: Martin Buntrock, © Calwer Verlag, Stuttgart/Diesterweg, Braunschweig.

Abbildungen

Aufgabenvignetten Nicole Bonzelius-Lorenz

|akg-images GmbH, Berlin: 22, 62 1, 88 2; Cameraphoto 87 1; Held, André 20 1; Marc Chagall, Die Erschaffung des Menschen © VG Bild-Kunst, Bonn 2018 20 3; Musée National d'Art Moderne 40; Rabatti - Domingie 66 1. |alamy images, Abingdon/Oxfordshire: Perry, Mike 106 5; Rout, Chris 36. |Arbeitsgemeinschaft Christlicher Kirchen in Deutschland e.V., Frankfurt/Main: 26, 94. |bpk-Bildagentur, Berlin: RMN | Gérard Blot / (c) VG Bild-Kunst, Bonn 2019 101 1. |Bridgeman Images, Berlin: 10 1. |fotolia.com, New York: Berger, Andrea 24 2; etchison, sonya 49; Gladskih, Tatyana 50; Kathrin39 50; Sanders, Gina 49. |Freudenberger-Lötz, Petra, Kaufungen: Louisa Kellermann, Niederkaufungen 28, 28, 28, 28. |Getty Images, München: AFP/Senna, Abdelhak 50 5; Corbis/Savage, Chuck 78 1; Corbis/Summerfield Press 60; De Agostini 17; Philadelphia Museum of Art 14. |Greenpeace e.V., Hamburg: 17. |Grill-Grundacker, Sabine, Talheim: „Angst" 51; „Freude" 48. |Haering, Rita, Frankfurt: 81, 111. |Hundertwasser Archiv, Wien: Friedensreich Hundertwasser, Werk 937 UNENDLICHKEIT GANZ NAHE © 2018 NAMIDA AG, Glarus/Schweiz 21 2. |iStockphoto.com, Calgary: Furian, Peter Hermes 95; mandygodbehear 50; naphtalina 78, 111 6. |Itze, Ulrike, Ladbergen: 80, 80, 80, 80. |Keystone Pressedienst, Hamburg: Knackfuss, Mai-Inken 36, 110. |KNA - Katholische Nachrichten-Agentur, Bonn: 46 6. |Lindenberg, Udo, Hamburg: 44. |Maletzke, Helmut, Greifswald: „Erscheinung" © VG Bild-Kunst, Bonn 2018, vertreten durch Internet- & Medienberatung Bernd Lieschefsky, Greifswald 20. |mauritius images GmbH, Mittenwald: Science Source/New York Public Library 20. |Moers, Jürgen, Dorsten: 10, 11, 17, 22, 23, 23, 23, 23, 24, 24, 24 5, 26, 27, 30, 31, 34, 35, 47, 56, 57, 57, 57, 57, 59, 61, 62, 64, 66, 73, 76, 77, 78, 81, 85, 85, 85 2, 92, 92 2, 92 3, 95, 95, 98, 98, 98, 98, 98, 98, 98, 98, 98 9, 101, 102, 103 2, 104 2, 105, 106, 106, 106, 106, 107, 107, 107, 110 2, 110 4, 111, 111; Illustration aus: Eleonore Beck, Wir feiern das Kirchenjahr © 2004 Butzon & Bercker GmbH, Kevelaer, www.bube.de 27. |Museum für Moderne Kunst, Frankfurt am Main: Nam June Paik: One Candle (1988), Foto: Axel Schneider, Frankfurt am Main 21. |Musée national d'histoire naturelle, Luxembourg: Caravane africaine, Grande Galerie de l'Évolution © Laurent Bessol/MNHN 8. |PantherMedia GmbH (panthermedia.net), München: Chapple, Ron Titel; Jeske, Harald Titel; Npine B. J. Lee 95. |PhotoAlto, Berlin: Mouton, Laurence 36, 110 2. |Picture-Alliance GmbH, Frankfurt/M.: dpa 68; dpa/Jensen, Rainer 68;